Marcel Nuss

DE CHAOS ET DE LUMIÈRES

Édition : BoD – Books on Demand, info@bod.fr
Impression : BoD – Books on Demand, In de Tarpen 42,
Norderstedt (Allemagne)
Impression à la demande
© Marcel NUSS 2023
Dépôt légal : Octobre 2023
Couverture : Jill Prévôt Nuss
ISBN : 978-2-3225-0164-9

Le Code de la propriété intellectuelle n'autorisant, aux termes des paragraphes 2 et 3 de l'article L. 122-5, d'une part, que les « copies ou reproductions strictement réservées à l'usage privé du copiste et non destinées à une utilisation collective » et, d'autre part, sous réserve du nom de l'auteur et de la source, que les « analyses et les courtes citations justifiées par le caractère critique, polémique, pédagogique, scientifique ou d'information », toute représentation ou reproduction intégrale ou partielle, faite sans le consentement de l'auteur ou de ses ayants droit ou ayants cause, est illicite (article L. 122-4). Cette représentation ou reproduction, par quelque procédé que ce soit, constituerait donc une contrefaçon sanctionnée par les articles L. 335-2 et suivants du Code de la propriété intellectuelle.

Gâchis de corps
en corps à corps tronqués

Dieu
que j'aimerais devenir
Faust
afin que se meuve ma chair
et que j'enlace et exhorte
ma Vénus du soir
loin du désespoir
je crève
devant sa porte
tel un manchot impuissant

corps à corps blessants
l'amour est un tourment

fêlures du cœur
dans la redondance des illusions
je peux mourir désormais
j'ai vécu l'enfer au paradis
et
enduré bien davantage
qu'une simple humanité
entre les bras rompus
d'une chair lassée
par la démesure

le bonheur est cinglant
lorsque l'amour dépend

de corps à corps pantelants

AMOUR

Où est l'amant
de l'âme au corps dormant
Naître est une peine dérisoire
mourir une douce victoire
et être ?

Jamais je ne serai
l'amant de l'âme au corps dormant
je ne suis pas assez grand
pour combler ses ferveurs

Où est l'amant qu'elle attend
où est la lueur que j'entends
je chevauche du vent
en cuvant mes sentiments
à l'orée d'un bonheur sans fleurs

J'aime une âme au corps pleurant

~~~~~~~~~

Jaloux
d'un homme aux mains d'argent
et au corps vermeil
merveille des sens

je suis un piètre amant
nourri par la déliquescence
de son errance d'aimant
aux bras en croix

je suffoque
dans les rets
d'une vie implacable

jaloux
d'un parangon virtuel
qui se rit de mes décombres
d'ombre charnelle

VICE DE FORME

Impuissants atours
impuissance d'amour
la verge prostrée
halète dans l'étuve
d'un être ployé

Sexe identité
corps du délit
enfant équeuté
homme abortif

Il a perdu la verve
des invaincus
il n'a que la vertu
des éperdus
que l'âge a broyé

Sexe identité
corps du délit
enfant équeuté
homme abortif

Il a baisé l'oubli
qui l'a enculé sans bruit
il a perdu l'envie
le cœur en porte-à-faux
et l'esprit dans un étau

~~~~~~~~~~

Anales bacchanales
banales ripailles
les seins flasques flottent
sur la canaille
qu'elle ergote
telle une horde de vertu

RÊVE PLEURE

Ma tête sur son épaule
mon bras sur sa taille
comme un enfant qu'on console
ou un homme frêle
à force d'être fort

debout sur la terrasse
je fume perplexe
comme un enfant qu'on encrasse
ou un homme d'airain
qui s'effrite

~~~~~~

Elle dort
je bruine
au fond de mes ruines

Elle doute
je grise
au cœur de ma lise

Elle pleure
je ploie
au gré de mon poids

Elle rit
je croîs
au fil de ma joie

Ne suis-je qu'un succédané d'aile
ou l'amour infini d'elle

M_{ini-ju}pe

évasive
sur
aven rose
à pas comptés
le
vent
s'interpose
et
d'un coup de langue frisquette
s'engouffre
dans l'
abysse
de la louve
dénudée
jusqu'au cou
sous son

t_{iss}u
d'août

DÉPRESSION

Enfiler les maux
comme des chapelets de détresse
que psalmodient des vers
en requiem de sagesse
ou en litanie de mots

DEUIL

La bite boîte
et troque sa trique
contre une ouate déconfite
homme-étalon ô dure illusion
ton oraison pend tout près du con

BOUFFARDE

La pipe est éteinte au bord du ruisseau
la source n'a plus une pinte d'oh !
Juliette ne fume plus
Roméo n'a plus de jus
le culot est vide de joie
le désir ne fait plus de tabac
la flamme s'est essoufflée
sur une mèche émoussée

~~~~~~~~~

Moi sur toi
Mazurka
toi sur moi
cha-cha-cha
moi en toi
pain polka
toi vers moi

bossa-nova
l'amour n'est-il
qu'une samba ?
Je ne sais pas
je l'ai trop cru

NOM DE ZEUS !

Insoluble bonheur
qui dissout l'amour
dans les rouages rauques
d'un karma d'enfer… Rocheteau dribble
et marque
sous une ovation de morts-vivants
Que de simagrées et d'apparences !
On se donne l'illusion de vivre qu'on peut
dans le stade bondé
d'existences qui se cherchent un sens
Pleurer ce qu'on n'a pas
de ne pas vivre ce qu'on est
et mourir sans éclat
en larmoyant ses mots
comme des suints de regrets
au lieu de rire un soi imparfait
pleurer pourquoi ?
Autant crever de joie

~~~~~~~~

Il est des souffrances psychiques
qui vous glissent vers des bonheurs cadavériques
des amours mythiques
qui vous brisent sur des écueils ataviques
et des regards cyniques
j'aime son frêle corps de nymphe
son oasis de jamais
dans le clair-obscur de mes…

DÉPRIME

Je veux baiser la lune
et briser mon enclume
je veux forcer le jour
à me donner de l'amour
je veux de la lumière
au fond de ma tanière
là où je déprime
comme une âme azyme
je veux crever
pour ne pas avoir à vous survivre
je hais le silence qui m'enferme
je hais le silence qui m'enferme
c'est le vôtre
je hais votre résignation
de mollusques sans passion
je veux crever
pour ne plus étouffer

~~~~~~~~

44
Belle comme à vingt ans
Même
plus belle encore
avec son corps d'amphore
que le temps polit
d'une grâce inouïe
un corps affiné
dégagé du superflu
l'esprit en aigue-marine
tout près des nues
là où l'épure
ravive la vie

On croit aimer mais on prend
on croit prendre et on donne
on croit donner mais on attend
on croit attendre et on aime
La vie est une décoction blême

La vie est un cul
qui bêle sa vertu
Je plie
je ploie
La vie est un con
qui braille ses raisons
je crains
je crois
La vie est une queue
qui beugle
je sonde
je tombe

VEUX'

J'ai envie d'aile
mais elle ne peut pas
depuis que j'ai l'l
brisée par la voie

J'ai envie d'île
mais il ne veut pas
depuis que j'ai l'q
bouché par la foi

J'ai envie de jeux
mais je ne le sais pas
depuis qu'l l'm
avec tracas

J'ai envie d'œuf
mais eux ne s'en doutent pas
depuis que l'e
n'a plus d'r

Mon Eldorado
aux galbes si doux
encorbellement de lune

aux si belles dunes
abominable désir
qui tue le plaisir
terrible attirance
qui tracasse la différence
je t'aime mon amour
à foutre mon essence en désuétude
je t'aime trop.

~~~~~~~~~~

J'ai l'âme gerbera
qui flétrie
au fond du lit
de mes illusions
d'homme crue
le cœur marmelade
que la vie
réduit à un déni
d'existence facile
j'ai l'amour gravide
d'un bonheur embryon
aux jours avides
qui avortent dans l'œuf

Vie abortive
corps ébauché
qui déchante sous les latitudes
d'un temps trépassé
accordailles
en corps bellement
appariés sous la douleur d'être
désaccordés par le bruit des bras
et l'anoxie du bas

Le ciel galope sur d'autres horizons
la Terre emporte nos moissons
mourir est un don

Et aimer ?
Une illusion ou
une rédemption

~~~~~~~~

Un homme entre les jambes
qui bande la vie
un homme entre les bras
qui soulage le déni
lorsque l'âme débande
d'ennui et de cris
entre les méandres
du mâle et du bien
un homme n'est qu'un souci

Une femme sur le ventre
qui embrase la nuit
une femme sur le corps
qui ressuscite la vie
quand l'esprit est en mal
de soi et de plaisir
sur la vague
de
une femme n'est qu'un

elle a
des
se*i*ns

comme un *i*
au fond du lit
elle a
un
c*O*n

comme un *O*

au bout du dos
elle a
une

âme comme un *m*
au creux du gemme

je suis un enfant ébahi par la vie
qui transgresse le sens
des maux
dans la fission
des corps altérés

La queue est morte
que le diable l'emporte
le cœur est las
la vie est un glas
le corps est sourd
mais qu'est l'amour
la fente se transit
d'un désir moisi
le sens est flou
qu'aimer est doux

~~~~~~~~

La bouche près du sein. Le happer. Le sucer. S'y suspendre d'un inlassable baiser. Bonheur de l'amant extasié. À bout de corps. Détresse de l'homme transporté. À bout de bras. Être. Comparaître. Disparaître. Apparaître. Transparaître. Au tribunal de l'être en mal de soie. Hominidé mûr condamné à perpétuité aux délices écornés, aux libertés aménagées.
La bouche n'aspire plus. Elle craint la morsure du désir. Elle souffre du souffle essoufflé du plaisir. Elle craint la blessure d'une vie sans queue ni faîte. À être trop portée, tel un enfant figé dans sa chanson de gestes, elle en a perdu le sens de l'humain, des élans de chair et de sang, de l'expression propre à toute forfaiture. Sans un mot de césure boréale.
Le sein halète au-dessus d'une bouche prostrée de ne pouvoir exister d'elle-même. Le corps bat des ailes, la queue à la dérive, l'esprit chancelle sous la nacelle du temps, tel un

oiseau mourant dans l'écume des vents, il palpite d'émotions proscrites. La détresse paresse aux confins du conflit. La douleur est confite dans l'oubli. Elle baise la vie.
Entends-tu le silence bramer son dépit ? Lorsque le cœur omet de croire, l'esprit s'enlise dans le désespoir. Ma bouche sous ton sein sanglote d'avoir faim de lui, une soif insatiable de sa sève immaculée la languit. Et ton sein, tout près de ma bouche édentée de désirs, suinte une lassitude de bon aloi qui s'ennuie. Il rêve de caresses, j'aspire à des largesses... diffusées par une bouche en cœur épris.
La vie est en lambeaux.

~~~~~~~~~

Mon oréade aux doigts de fée
Mon elfe aux mains de lune
Ma nymphe au corps de source
Ma sylphe au cœur de cime

Mythe de mes jours
d'amour au long cours
lorsque ta chair sourd
sur les échos de mes cendres
le sens est pis que prendre
quand le silence flotte alentours

Ma néréide au langage de feu
Ma dryade trinitaire
Ma naïade à l'âme intemporelle
Mon océanide à l'ample ritournelle

Allégorie de nos amours
j'ai mal à mes atours
le désir est un débours
déboires sous le chapeau
démence au Landerneau
toute fable à ses maux

Je crève sur ma planche de salut
Vermoulue
l'esprit décimé
par un sens circonvenu
j'aimerais qu'il pleure sur ma détresse
ravinée
l'hydre hurle à cœur étêté
son désir éperdu
de vue
de quoi
crois-moi la vie me broie
le temps me boit
le plaisir se noie dans un
tonneau de poisse
que les corbeaux coassent
que les crapauds croissent
et que mes désillusions se multiplient
l'espoir s'atrophie
au fond du lit

~~~~~~~~

Que restera-t-il de tous ces mots bavassés à l'envie, de tous ces bavardages vains, de ces vers jetés à la face du sens le temps de les écrire, et encore ?
Que restera-t-il de tous ces coïts si ce n'est d'avoir perpétré la souffrance d'être avec l'illusion qu'elle disparaîtra peut-être dans le lit d'un mieux-être ?
Remplir le temps et l'espace de verbes et de gestes pour ne pas vivre inutilement, ne pas mourir bêtement sur l'asphalte du temps qui trépasse.
Vivre est une absurdité de train sur les rails du destin, jusqu'à la collision du cœur dans une apothéose de mort sans lendemain, à l'orée du chemin.
Que restera-t-il de toutes ces paroles échangées inlassablement une existence durant ? Le bonheur d'avoir existé malgré tout du mieux possible ?
Le bonheur de t'avoir aimée. D'avoir été aimé par toi, avant tout.

temps gué sur l'horizon rond
comme un ventre à terrez
de sienne enceinte
d'amour
tant gaies pierres sur des corps
de garde à vous mes désirs
emplis par un doux duo
d'amour
tanguer dans le va-et-vient de jours
aux galbes de pluie sous un ciel
qui pleure le vide
d'amour

~~~~~~~~

La voie lactée de tes seins
a tracté de doux desseins
dans l'échancrure d'un jour
à claire-voix d'amour
téter le temps qui nous uni
pour allaiter le tant
des longs balbutiements
d'un bonheur lancinant

Comment exprimer l'essence
à l'ombre du cœur ?

~~~~~~~~

Mourir à soi
pour mieux naître à l'autre
s'aventurer dans l'au-delà de soi
pour mieux aller vers l'en dedans de l'autre

enfreindre l'écueil
sans craindre le deuil
afin d'individuer le sens
je voudrais vivre loin du seuil

Mais j'ai égaré la boussole

Je veux vivre sur les bords de son corps
parmi le dédale de ses sens,
le miroir de ses vagues à l'être,
quand mon corps s'égare dans les flancs de l'amour
Mais le Minotaure a toujours tort
dans l'enceinte tortueuse de son mal être,
son imparf-est trop subjectif

Dans le champ de la ressemblance
ne s'affiche que la différence, lui dit la mort
Amour, l'altérité n'est qu'une mine aux torts
pour celui dont le corps n'a plus de raison
Je suis la psyché de moi-même, celle qui me renvoie
votre peine à me voir sans fard
Je suis l'écho d'un singulier qui meugle

LA MORT D'UN GUERRIER

Je ne transpercerai plus de chair
de mon poignard émoussé
pour glorifier un coin de corps
mon cœur n'est plus exalté
il n'a pas su percer le mystère
que la Sphinge lui avait posé
désormais
le temps peut s'écouler à sa guise
la vie m'a tué sur sa banquise
je suis mort avant même d'être né
Vive l'hyménée qui m'a fécondé

Taisez-vous !
Baubô regarde mon désarroi
l'être naît dans le non-être
et le bien-être dans le mal-être
mais où est la foi

Libido dodo
bidet de l'ego

nu comme un ver à soi
nu comme la joie
d'un excrément visuel
que nargue le ciel

elle est si belle
dans la pénombre
nue comme un vert à joie
nue comme la soie

Libido dodo
bidet de l'ego

~~~~~~~~~

À l'ombre d'une femme, en fleurs deux corps se meurent. Elle a trop d'âme mais a-t-on jamais trop d'âme ? Elle a une âme de chair mais a-t-on jamais trop de chair ? A-t-on jamais trop de cœur au ventre ? De ventre au cœur ? A-t-on jamais trop de vie dans une vie ? À l'ombre d'une femme en pleurs, deux corps s'émeuvent d'un amour de marais.

À la lumière de mon ombre, je vacille et je sombre. Vivre m'encombre d'innombrables décombres. Mourir m'enduit d'un infini ennui. Je ne suis pas ce que je suis. Je suis plus et moins. Moi et lui. Je suis l'ombre de mon destin et la lumière de ma vie. Qui suis-je ? Le sait-on jamais ?

À l'ombre de ma lumière, tangue le bréviaire et tombe la serpillière. Ma lumière est le luciole de ton âme, fragile et éphémère, elle tente de briller dans l'entrelacs de serpents qui se repaissent de ton cœur. La vie a un goût de malheur. Une saveur d'inachevée et de sang en fleur. Le bonheur hurle son absolue vigueur.

À la lumière d'un homme en pleurs, une femme se meurt. L'amour n'a pas de cœur, il foule les élans et moud les chairs des mal-aimants. L'amour est le chant du cygne des aurores d'antan, la fin du mythe. S'aimer est un chemin de croix dans les dunes luxuriantes de nos âmes d'enfants.

~~~~~~~~~

Je suis las. Elle est là-bas. Là-bas où ? Ou ici ? Tout près d'émois et de vous. Trop loin de tout. G. crie quoi ? J'écris qui ?
Chevauche-moi.
Toi du monde, à l'envers du décor et à l'endroit d'un cœur à l'ouvrage d'art et de sens. Sang dessus-dessous. Dessus de lit, dessous de soi.
Chevauche-moi.
Toit immonde, d'une vie à corps et à cran où les corbeaux coassent et les crapauds croassent des brins de jouissances à l'emporte-pièce prêts à emporter.
Chevauche-moi.
N'enterre plus mon corps sous ta chair qui ne suce que si l'on s'en sert. Ne m'emboîte plus sous ton corps qui s'use d'avoir trop subi l'amor.
Chevauche-toi.
Les incuries d'Augias ont brisé à froid les ailes d'Isis et d'ailleurs, même le trouble de tes yeux n'est plus tout à fait bleu.
Chevauche-toi.
Et crache le stupre qui embue la vie. Baise le sens qui broie nos jours lourds de décours. Châtie les bras et la queue de l'insane infortune.

L'amour est sans espoir. Ni illusion.
L'amour est un Himalaya. Une résurrection.
Une épiphanie peut-être ?

Une araignée
entre ciel et terre
tisse son être
une maille à l'envers
une autre à l'endroit
le temps n'existe pas
entre terre et ciel
Une araignée
calligraphie son univers
fil à fil
dans la toile de sa patience
La solitude englobe l'onde
de ses pensées
vertigineuses
Tout là-haut songe Bételgeuse
pendant qu'une araignée tisse
l'amour
sous le toit de nos jours

MYSTIQUE

Elle a un corps de jeune fille quand tant de jeunes filles n'en ont pas
elle a un corps à frissons d'émois esthétiques
elle a un corps entre ciel et terre
elle a un corps de chair et d'éther
elle a un corps qui ne sait plus qui ne se donne plus qui attend...
la vie ?
elle a un corps de nuit qui brille le jour
elle a un corps d'amour *de profondis*
elle a un corps ascensionnel d'âme irrationnelle
elle a un corps d'elfe anguleux qui ploie sous le faix des mutités
elle a un corps de tendresses émasculées...
à mort ?
elle a un corps de soie en mal de soi
elle a un corps de mort en mal de vie
elle a un corps d'amande grillée au feu du goût
elle a un corps de femme brûlée par la géhenne
elle a un corps désincarné par l'incarnation de l'être...
ailleurs ?

Baubô j'ai bobo
tes nénés m'ont oublié
dans le vide de l'altérité
car ta bouche intime s'est tue
et n'émet plus que des menstrues

Baubô est bébé
fragile et dépassée
par les fantasmes qui l'ont
générée dans l'altérité
des sens outrepassés

Baubô j'ai bobo
regarde-moi encore
parle-moi toujours
du lever de ton corps
au coucher du jour

Baubô est baba
enjôle-moi de tes seins
engloutis-moi dans tes lèvres
le désir n'est que desseins
et le bonheur une plèvre

POUR LES SIÈCLES DES SIÈCLES

Un jour je partirai
pour un voyage hors du temps
hors de tout
sauf de toi
où j'irai tu seras
comme une perle d'âme
un petit rayon d'être
dans l'éternité d'un
amour adamantin
ce sera l'épure du chaos
tu seras entre mes mains éthérées
je serai enfin léger
tout à ma joie
d'avoir vécu auprès de toi
mon émoi
un jour je partirai
l'Amour à jamais
en moi
Comment t'oublier ?

Dans la chambre exquise
une femme au corps de nymphe
égaye la pénombre de son ambre effilé
Elle a un corps d'ange échu à son être
elle a une âme de chair déchue par la fièvre
La femme étend son cœur dans un lit
de charnalité en fleur
elle étend sa grâce sous l'œil irradié
d'un Minotaure décharné
Elle couche son inaltérable jeunesse
sous le lambris de mes évanescentes caresses
son inaliénable féminité
sous le porche d'une lune en pâmoison
L'homme et demie est recueilli
devant l'humble nudité
d'une vie pas encore née
et déjà en mal d'être
Elle offre son corps à la nuit
en un abandon numineux
Je me sens si vieux

dans le soleil de sa voie
le cœur de ses yeux
Je me sens si vide
de tout et de moi
J'attends qu'elle revienne
vers moi
Quand ?
Où est l'oracle qui me le dira ?

~~~~~~~~~~

Quel mal atroce
sur toi
qui se meut et se noie
en moi
quel mâle affreux
en moi
qui n'émeut et ne choit
que toi

~~~~~~~~~~

Sauvage
la rage
de s'incarner
d'être incarné dans l'autre
la vie
soi
nous
le vide

Je suis un beur black bridé
brodé de contrastes
mal débridés
par le train
un tantinet
efflanqué
du transunivers
je déconfiture ma vie
comme la mélodie
d'une mélancolie

Sauvage
l'envie
de s'explorer
d'être exploré par l'autre
la vie
soi
nous
le vide

~~~~~~~

Le monstre
vous salue Marie
l'humanité n'a pas de prix
l'amour n'a plus de corps
n'en a-t-il jamais eu
le désir est trop perclus
pour s'ébattre encore
en toute insouciance
la vie a besoin
de corps à corps de corps à cœur de corps à fleur de
tendresse
la mort agonise sur nos décorps en trompe-l'œil
je ne sais pas faire le deuil
de l'apparence

~~~~~~~

Ne plus être qu'ange
Et
Voler
d'elle en elle
être
la flamme de son esprit
le souffle de son Gange
être
l'âme de l'archange
au cœur de
Gabrielle

charnière charnelle
elle m'a tant nourri
d'exister
nourri de sa présence
dans l'âtre de son aura
désarticulée
m'aura m'aura pas
l'amour a toujours un écot
même immarcescible

ma vie n'aurait pas de sens sans aile

NOM DE ZEUS

Thor a toujours raison,
car le Thor tue,
et si Thor avait tort
j'aurais l'air d'un con,
ce que je suis de toute façon
mais pas exagérément
Donc, Thor n'aura jamais tort
et moi j'aurais parfois raison.....
un peu évidemment

~~~~~~~~~~

La raie du bas
au rai du haut
dit tout bas
ce que je pense tout haut
dans la raie du bas
qui bée tout haut
sur mon genou béat
devant le rai si chaud

Indélébile
le goût de son sein
dans ma bouche
sur mes lèvres
dans mes yeux
sur mes rêves
dans mes sens
indélébile
jusqu'à l'indécence
de l'esprit
en ébullition d'elle
jusqu'à la nausée
de soi
en apnée de toi

KAHLO

Viva la muerte
Frida la vida
la souffrance élève les sens en croix
la souffrance avive l'essence du soi

le sens des maux
peint au couteau
le sens du Ciel
peint au pastel

le sang sur la toile
gicle des étoiles
le sang sur le corps
grise la mal-mort

la douleur d'avoir un sexe cru
la douleur d'être une âme à nu
Viva la vida
Frida la muerte

Perdre la force de faire jouir l'amour
pour trouver l'amour ailleurs que dans les sens
ailleurs que dans le désir
pour apprendre l'amour au-delà de soi
au-dedans de l'ombre
d'elle le sens de l'amour
le désir de vie

J'interroge l'oracle du temps qui passe
dans le labyrinthe des jours qui trépassent
afin de trouver le sens de la marche
vers le cœur de l'homme en croix

~~~~~~~~

Se complaire
dans le trou
qu'on n'a pas eu
qu'on n'a pas vu
qu'on n'a pas su
qu'on n'a pas pu
se complaire
dans la complainte
de celui qui est
et ne le sait pas
de celui qui voit
et ne le croit pas

~~~~~~~~

Une queue
dans un con
équeute-là
sans hésitation
arrache-s'en le mâle
qui lui déchire l'âme
libère-le de sa peine
qui enfreint son sens vital

Une verge

dans la bouche
converge-là
vers ta souche
ouvre-lui la voie
sur son émoi d'encre
affine-lui les sens
d'un coup d'ingérence

FINI

La vie est morte
les jours entre parenthèses
en attendant que le temps s'écroule
sur les décombres d'une existence
l'homme n'est plus un homme
l'amour est autre chose.
Dans les vacuités du silence
elle subit ma présence
et comble mes absences
je me sens vain
sous la roue du destin

LIBERTÉ

Où donc est l'amant de l'âme au corps dormant
qui est-il celui qui a tout ce que je n'ai pas
qui est tout ce que je ne suis pas
l'homme que son corps attend
à cœur et à cris
l'homme qui meurtrira l'ego de l'esprit sans corps
du cœur sans geste
et ouvrira son âme à l'être vrai

Payer le prix de la différence
le poids d'une indigence
aimer jusqu'à l'absence
jusqu'à n'en plus pouvoir d'aimer
la contingence d'une souffrance d'être ingrat

et attendre
attendre l'homme pourvu de bras aimants
attendre le suppléant à la chair plus tendre
que mes difformités de mutant
vivre est un tourment
je n'ai pas choisi d'exister
je n'ai choisi que de l'aimer
vraiment
profondément

CARCASSE

Mort
basculement vers la paix
le sentiment du cœur accompli
d'une âme en peine d'exister
au feu de sa vie
à la vie de son feu

Mon corps n'est plus qu'un lest
dès lors que la colombe prend
son envol céleste
je t'ai aimé tant que j'ai pu
je t'ai donné tant que j'ai su
vivre

Je suis fatigué d'être fort
en un corps à demi-mort
j'aimerais y croire encore
mais je suis fatigué d'être fort
l'esprit en friche et les bras
en croix

PÉTALES D'ESPRIT

ROUE

Va
de la lune au soleil
être spirituel
loin des contingences
de l'espace et du temps
de notre sphère périssable
entre Solstice d'été et Solstice d'hiver
Va
par les cycles de l'existence
dans le monde du devenir
où les huit sentiers
de la Voie
tournent autour
de l'Homme universel
Va
régénéré par la foudre et le feu
d'incessants recommencements
fruits de ce renouvellement
où l'être trouve son centre
embrasé par la perfection du lotus
qui éclaire sa destinée
Va
vivant le temps d'une pensée
qui attend la Délivrance
en créant la sérénité
Va
nourri par tes chakras
qui t'ouvrent au Chant céleste
de la Lumière Infinie

Va
de révolutions
en révélation
telle la rosace
sublime mandala
de l'émanation retour
qui auréole l'azur
d'un feu philosophique.

UN

Debout
face à l'Horizon élégant
d'un à-venir certain
arbre immobile au sein
de l'immensité humaine
je sonde l'Univers insondable
et Lumineux..
Le regard tourné vers l'Orient
le linga levé distille des Pétales
d'Essence qui abreuvent la Terre
d'où essaiment l'Amour et les mots.
Sous le Silence du cœur je cherche
le Point Initial et immuable
créateur de Vie Absolu
pour me fondre unique et multiple
dans l'Unité Impalpable…
Au loin un yak paisible et majestueux
s'érige lentement à la Source de l'Un
tandis que je n'aspire qu'à te rejoindre
sur l'Onde mystérieuse du Bonheur
Partagé…
à **deux.**

DEUX

Entre le jour et la nuit
le temps insatiable passe
tandis que nous nous aimons
d'une duelle unanimité
souffrant de nous assourdir
exultant de nous entendre.
L'amour est un miroir
où nos regards s'approuvent ou se perdent
vivants de cette oscillation essentielle
qui nous unit et nous anime au gré du vent
nous insufflant
de subtils désirs de création.

Sous le clair de lune qui nous saoule
tes seins dessillés soudain m'absolvent
d'oser...
nous regarder sur la rosée du matin
où nos esprits affinés se pénètrent de l'éclaircie
réciproque d'être
un.

BLANC

Noirs sur un lit blanc
Blancs sur un lit noir
Nous voguons d'Est en Ouest
du crépuscule de nos sens
à l'aube de notre Amour
lorsqu'au Midi de la jouissance
Orient et Occident
caressent le zénith éphémère
d'un rouge embrasement
Noirs sur un lit blanc
Blancs sur un lit noir
Rites de passage
au fil de nos étreintes
dans un Silence Absolu
promesses d'Aurores
qui nous abreuveraient
d'un lait parfumé de songes éveillés
Noirs sur un lit blanc
Blancs sur un lit noir
La Pureté de la nuit
nous révèle à nous-mêmes
dans le miroir initié d'un Lotus
qui nous éveille
à l'Eternelle Vérité
par la semence Lumière
du Bindu.

NOIR

Blanc sur ciel noir
Noir sur ciel blanc
Du fond de mes ténèbres
gronde
une rouge envie
de naître à la quintessence
de mon Être
fécond
loin de la vanité morbide
qui m'inonde d'une pluie
de sable abrasif
Surgir du ventre de la nuit
et du Nord au Sud
plonger dans un Océan d'Amour
ayant fait le deuil du passé
pour fertiliser la vie
sur le linceul étincelant des jours
d'Or et de Tendresses
dans la Claire Transcendance
qui nous mue
sur un sillon écarlate
de diamant.

DIAMANT

Né de cristal
l'Amour s'éveille
dans l'alchimie des jours
à un regard adamantin
mûri
à la lumière limpide
du vajra
qui nous ouvre
à l'innocente sagesse
d'une foi
où nos sentiments
s'élèvent de la clarté
de nos cœurs allègres
au centre parfait
du Bonheur.

TROIS

Sens-tu
dans le ciel de nos cœurs
vibrer la triade de l'amour ?
Toi moi nous
unis dans une complétude
où l'Esprit abreuve l'Âme qui nourrit le Corps
sur le trident limpide d'une Vie
où naître c'est grandir et mourir
à soi-même
éternellement
dans un mouvement convergent
qui nous appelle et nous élève
sur le triangle de nos sens intriqués
de nos songes éveillés
l'un par l'autre
l'un dans l'autre
sous le Soleil de la Trinité.

QUATRE

Phase après phase
sur la croix tangible du Bonheur
la lune module
ses caresses d'argent
imprégnées du parfum des saisons

alors que des Piliers de l'Univers
les vents nous insufflent la plénitude
au gré des éléments qui génèrent
la Totalité universelle
qui nous contient corps et âme

et que nous cheminons de Porte en Porte
par quatre collines
sous le regard intarissable
des constellations cardinales
qu'habitent huit pupilles irisées de bienveillance

dans un grand carré de terre
deux triangles
s'initient
par le sceau de l'amour
à la Vie manifestée éternellement

        sur l'horizon glauque
        d'une aurore écarlate.

ROUGE

L'éclat guerrier
de nos cœurs ardents
se répand dans la chaude matrice
de nos désirs intenses
comme du sang dionysiaque
d'une sombre clarté
Mûri par le Mystère Vital caché
au fond des ténèbres du jour
et des océans de la nuit
notre bonheur sincère
est immortalisé par le feu
secret de nos âmes
d'une Beauté ésotérique
qui engendre la Bonté
sur les océans empourprés
que le soufre féconde
à jamais.

BLEU

Impavides et hautains
bleu jour bleu nuit
ouvrent le chemin de l'infini et du rêve
de l'autre côté du miroir
couleur de vérité
profonde et transparente
où nos mouvements or et azur
se noient et s'évanouissent
dans l'imaginaire céleste
d'une cité bleue
où vibre l'oiseau du bonheur
dans un pur détachement.

SAPHIR

À Gab, le ciel de mes jours d'amour.

À son cou scintille
comme une lagune d'azur
une pierre céleste
qui a la beauté profonde
de ses rêves transparents
Reflet pur
d'une âme contemplative
qui pareille à l'air
souffle des saveurs d'espérance
joyeuse et vitale
qu'avalise le miroir méditatif
du regard infiniment vrai
de ses yeux bleus.

CINQ

À l'aurore d'un jeudi de printemps
le cœur d'un homme
tous ses sens en éveil
s'abandonne au présent
pour se couler dans l'éther
d'un univers épanoui

entre terre et ciel
là
où la conscience
s'unit à la Vie
dans le charme des jeux
lumineux et sombres
au centre parfait
du feu de l'Amour
quand deux et trois se pénètrent...

SIX

Quel est ce destin mystique
qu'unit créature divine et
créateur humain
dans l'hexagone éprouvant
d'une vie antagoniste
que reflète la lune
sur le miroir des Eaux ?
Homme universel
j'aspire Vénus
à l'équilibre parfait
entre l'eau et le feu
dans les dons réciproques
d'une Yoni et d'un linga
unis sous l'étoile
médiatrice du Créateur
qui inspire la création...
par le sceau de Salomon.

BRUN

À l'automne de mes errances
enlisées dans la glèbe
mon ocre tristesse
glisse désespérément
vers un lit de feuilles
mortes
que dans sa robe de bure

mon esprit dégradé
jalonne pauvrement
à la recherche d'un
peu d'humilité.

Tandis que mon âme
se prélasse sur un tapis
de tendres fougères
mon regard couleur
de terre fleurie
te caresse

tendrement.

VERT

Entre le jaune et le bleu
s'égaie une rose
qui nourrit d'espérance
la tiède oasis
de nos cœurs rafraîchis
à la fertile végétation
de l'amour
Éveil
à la vie
qu'ébranle la tonique
foudre printanière
qui régénère nos âmes
de son vase
lumineux déversant
sur le bourgeon moisi
des jours
indécis
la calme
connaissance d'une destinée
profonde et vitale comme
l'eau
de nos origines.

ÉMERAUDE

Dans le faste des jours néfastes
au printemps d'un bonheur immortel
nos regards fertiles se régénèrent
sous la clairvoyante rosée de Mai
où nos âmes translucides
enfantent un amour ésotérique
sur le lit-saphir de Vénus
et nous libèrent des ténèbres obscures
qui nous hantent de profundis
d'un rayon de lumière verte
qui s'écoule du Graal mystérieux
à nos lèvres ouvertes
comme une connaissance aphrodisiaque.

SEPT

Sous les demeures célestes
la lune effeuille les semaines
comme des pétales de rose
égrenant la plénitude divine
en notes arc-en-ciel que
fredonne sa lyre spatiale
sise sur son Chariot épanoui
Tandis qu'au centre
de la Grande Ourse
dans un repos faste
après l'Apocalypse intime
d'un amour renouvelé
nos âmes androgynes
par une unité parfaite
s'ouvrent au pouvoir du temps
dans le cycle accompli
des saisons éternelles
qu'éclaire le chandelier
d'une vie de paradis
sous les regards du naja
qui contemple la totalité
d'un univers inconnu
et plein.

HUIT

De la rose des vents
s'élève
le verbe transfiguré
qui tourne
autour des bras de
Vishnu,
assis sur les pétales
d'un lotus,
comme une roue de
justice
à jamais ressuscitée.
Elle ouvre
les sentiers de la Voie,
sous les yeux
des anges porteurs du
Trône céleste,
à la complétude de
nos âmes
achevées dans l'équilibre
cosmique
d'un chant de planètes.

JAUNE

Quelle est cette stridence aveuglante,
d'une violente intensité, qui perce
les ténèbres d'un déclin mortel,
à l'automne de l'été, pour déborder
sur la terre fertile de notre amour ?
C'est l'ample chair solaire qui
sème sa chaude lumière d'or
sur les épis mûrs de nos âmes
ardentes à l'été de l'automne
d'une jeunesse inextinguible.
Et tels deux astres blancs
se glissant dans le bleu céleste,
nous fusionnons sur la soie jaune
d'un lit qui éveille les promesses
d'une éternité rayonnante.

ORANGE

J'aime l'orage orange
qui fouette la luxure
dionysiaque des regards
ivres au-dessus de volcans
qui brassent le feu du ciel
et de la terre en un magma
d'où surgit la pierre de hyacinthe
dans sa sobre tempérance
d'une foi constante qui initie
corps et esprits à la sublime
révélation de l'amour Total
pendant que je me pénètre
d'un zeste d'orange…

RUBIS

Quel est ce bonheur pourpré
présage d'Escarboucle
qui résiste au venin du temps
à l'hémorragie des jours
sous les yeux Almandins
de nos cœurs grenat flamboyant ?
Quelle est cette pierre de sang
amande écarlate
qui bannit la tristesse
de nos mémoires intenses
de vie et de désir
d'une vigueur qui transperce les ténèbres ?
C'est la pierre des amoureux...
qui s'enivrent du regard.

NEUF

La Nuit sous le Ciel le Temps renaît
du chœur des anges
qui chantent la neuvaine
d'une création achevée
tandis que loin de l'Olympe
les dieux parjures errent entre
ciel terre et enfers en mal
d'immortalité dans une longue
gestation rédemptrice…

De l'Éther jaillit la Lumière des Astres
qui éclaire les jours d'amour
dans le faste nocturne
de l'Unicité totale et finale d'où
éclosent les muses créatrices
d'absolue beauté
bercées par la lune
qui chemine inlassablement
sous les cieux rituels…

Quand soudain entre Soleil et Lune
de la Nature s'élève
pleine de plénitude la voix
d'un fœtus constellée d'Amour
germe de l'unité dans l'unité
tout au long d'étapes qui mènent
au Hak par la boucle universelle
où l'émanation de l'Un retourne à l'Un
du cœur de l'Univers.

Et de l'Homme.

DIX

De l'

Un
vint la dyade
sur l'infernale terre humaine
entre printemps été automne et hiver

me dit la Tétraktys
m'immergeant dans la création universelle
où mûrit mon être
sous les saisons du cœur
porté par les éléments que brassent
le soleil de jade
qui embrasse la totalité
de notre amour
à la source de l'éternelle Nature
pendant qu'au loin s'élève un disque ailé

De l'

Un
une femme un homme
sur les niveaux de la vie océane
sont allés d'Est en Ouest et du Nord au Sud

vers la Vie

GRIS

Entre la cendre et le brouillard
ressuscitent les morts
dépouillés de leur tristesse
Ils s'ébrouent en silence
de leur mélancolique ennui

grisés par tant de vies
soudain métamorphosée
au sein d'un essaim de grues
qui dansent au-dessus
d'un nouveau-né
fruit de l'harmonie sentimentale
du blanc et du noir
qui mue en homme
au gré des couleurs absolues.

VIOLET

Sous la caresse violette
d'une lumière fanal
nos corps s'apprêtent à
incarner dans la sagesse
de l'amour l'ode d'une alchimie
secrète et passionnée
où nos chairs soumises à l'esprit
de nos sens se fondent
dans le chœur de l'extase
sur l'onde renouvelée
de nos âmes rédimées
par la révélation profonde
d'une réincarnation mutuelle
et totale
avec l'aval du regard
apaisant de la Tempérance
qui égrène l'automne
d'une jeunesse mûrie
à l'eau vitale.

OR

Ô Bouddha
quelle est cette lumière minérale
née de la terre qui t'habille
d'une absolue perfection
jaillie de la lumière céleste
te nimbant d'une aura de
sagesse
cet enfant des désirs
mûri dans l'argile blanche
qui illumine la connaissance
dans le secret de nos cœurs
d'une inaltérable pureté ?
C'est le verbe fécondant
que rien ne souille rayonnant
de nos âmes comme des pépites
d'amour solaire et immortel
telle une spirale spirituelle
qui génère le bonheur
dans le feu esthétique des jours
où luit au firmament
la chaleureuse auréole
Christique.

ONZE

S'il n'y avait
la sagesse du Tao et le noir occultisme,
que lient d'affinités,
par-delà les océans,
les mystères de la
fécondité :
celle de l'esprit apaisé par la Voie et celle
du corps de la femme pleine de joie,
l'armoire des péchés se romprait
sous la révolte des anges égarés
dans la Divine Comédie.

DOUZE

Sous la coupole des cieux
l'année déambule au fil
du Zodiaque qui effleure
de ses planètes étoilées
les âmes édulcorées
des fidèles en devenir

                                                                                        de
        plénitude
Tandis que dans la Jérusalem céleste
constellés autour d'une Table Ronde
les apôtres de demain savourent
les fruits joyeux de l'arbre de vie
près d'une femme couronnée d'étoiles
d'or et de jaspe divins qui pense l'Eglise...

                Sur les vagues
                de l'Univers
                  la Trinité
                   rayonne

                   près de
                Marie vêtue
             d'une aurore fanal.

SOLEIL

À la lumière du jour
mon être vivifié
par les rayons échevelés
du solstice d'été
s'abreuve de vie à la source
immortelle où ressuscite
l'âme au zénith de l'Amour
...
Sous l'œil du monde
une toile d'araignée poivrée

de graines de tournesol
darde l'Esprit universel sur
un lit de lotus fécondés
par le Yoga qui souffle
la chaleur du levant
…
Au-dessus d'un nuage d'or
sur un aigle impérial sorti du cosmos
Bouddha et Christ
embrasent l'esprit d'une immédiate
illumination intuitive
qui tel un papillon de feu caresse
la conscience d'une essence anima
…
L'œil du jour
comme une censure paternelle
poisse sur la morale
d'une autorité brûlante
qui brasse le regard sublime
épris de moissons vitales
penché sur le Soleil du Tarot…
dans l'air flotte une saveur de Dieu.

LUNE

Sur le lit du temps qui passe
aux rythmes de la vie
les marées de nos cœurs
telles des menstrues solaires
pulsent l'amour fertile
qui féconde les ténèbres
de sa douce beauté
Sur les berges d'un lac aux reflets
argentés qui éclairent les nuits
de nos jours sans soleil
où la pluie vient désaltérer
nos rêves bohèmes surgis
du jardin secret de nos corps
vagabonds du Crépuscule

Sur l'inconscient d'une femme
une Lilith rayonnante
qui recrée l'Art comme une fête
pendant que sous le croissant
une chouette goûte un lapin
derrière un nuage errant

le soleil et la lune en phase
s'éclipsent sur un baiser…

ARGENT

Comme un pan de lune
sur un miroir aqueux
la sagesse divine
dans sa pureté limpide
brille de sa lumineuse
netteté sur la perversion
malheureuse d'un cœur
égaré dans les reflets
nocturnes de sa conscience
éprise de franchise
et de blanche fidélité
Comme un pan de lune
sur un corps efflanqué
soudain venu des nues
une caresse d'argent
sur mes yeux s'est posée…

TREIZE

Combien de fois sur "mes vies"
ai-je remis l'ouvrage ?
Où commence où fini
ce cycle mystérieux qui m'accomplit ?
Assis seul autour de la table
je respire le silence qui m'enlace
et m'absorbe de questions

tel Ulysse sur l'île Cyclopéenne
luttant contre la Bête qui me scrute
par le judas sis dans ma tête folle
de doutes et d'amours mystiques…
Combien de fois sur "mes vies"
ai-je remis l'ouvrage ?
Où commence où fini
ce cycle volontaire qui nous unira
à jamais
à la table des cieux…

VINGT-ET-UN

Par la parfaite maturité
de la Sagesse éprouvée,
dans le "miroir de la lumière éternelle",
mon Amour majeur
nous embrasserons le Monde
dans un accomplissement de plénitude ;
Cœurs centrés sur l'objet
d'une vie épanouie.

TERRE

La vie marche
entre le ciel et la terre
cette femme de glèbe
qui supporte nos émois
sous la cape bleue qui la couvre
de ses humeurs
Femme douce et humble
fécondée par la céleste semence
d'où l'homme naquit un jour d'Éden
sous l'Arbre de Vie
pour violer ta chair précieuse et fertile
toi qui le nourris aux quatre horizons
En toi je reviendrai corps éphémère
me glissant dans la boue sous ta robe paisible

avant de rejoindre le Père
pour contempler avec tendresse
la Grande Mère épanouit
tandis que sur l'humus de la Terre promise
Jason à Déméter s'unit
dans un serment éternel qu'emporte
un scarabée…

MER

Naître se transformer et renaître
vivre et mourir
dans le mouvement des eaux
où les passions bouillonnent
comme l'esprit de Jonas
et trouver au plus profond de Soi
le regard vivifiant de l'Etre
porté par le navire de l'Amour
sous l'œil de Merlin…

IRIS

Sur les ailes du temps
vole pure messagère
dans ton voile arc-en-ciel
par-dessus les toits de chaume
où reposent les cœurs éveillés
comme la fleur au printemps
que protège l'azur
dans un bain d'amour.

VINGT-QUATRE

Sages de Blanc vêtus
nimbés de Lumière
siégeant au Temps abandonné
Ils acclament La Lumière Généreuse
exaltent Sa Beauté Limpide
et Chantres malicieux
gouvernent en toute Sagesse
au cœur des Cieux avec la douce plénitude
de l'Amour Éternel
dans cet équilibre harmonieux
où ciel et terre corps et âmes
se fondent dans l'Absolu
sous le regard épanoui
des Juges de l'univers.

TRENTE-SIX

Dans le lit cosmique
de la triade solidaire
le Ciel fertilise la Terre qui change l'homme
dans une harmonie qui s'égrènent
au fil d'un chapelet Sivalle
à l'ombre des tours du Phnom Bakheng
où prièrent peut-être
les disciples de Confucius
en chantant les dix mille êtres
tandis que Lao-Tseu lentement
mûrit au soleil.

FORÊT

Dans le sanctuaire somptueux
qui coiffe la montagne
océan verdoyant et secret
qui ondule comme des vagues
dans le silence d'une plénitude
tranquille et généreuse

pour un cœur qui cherche
la sérénité
sous la broussaille des angoisses
fiévreuses
parmi cette sage assemblée
d'arbres qui relie la terre au ciel
et mon âme au Créateur
je respire l'inconscient
à l'écoute d'une révélation
celle de mon Être
qui chante en moi comme un oiseau
sur une branche d'olivier.

DÉSERT

Comme le Fils prédestiné
je cherche la Terre Promise
au cœur de mon âme
dans le coin déshydraté d'un esprit
que sillonne la caravane de mes maux
en quête de l'Être Suprême
comme le Petit Prince
éperdu d'amour et
de questions douloureuses
j'aspire à la Lumière Fertile et Limpide
Manne prodigue
tel un oasis enchâssé dans le désert…

PIVOINE

Tête majestueuse
rutilant au soleil
s'extasiant sous la pluie
qui cajole le regard
d'un rouge fastueux
distillant aux cœurs épanouis
un cinabre d'amour
de ses cils frémissants
aux baisers du vent…

QUARANTE

Mon Être éprouvé
gémit dans le désert
des illusions putrides
à la rengaine tentatrice
dispersé sur le récif
d'une quarantaine alluviale et
le regard lustré dans le lagon de la vie
où l'âme s'épure sous les ondes de l'amour
avant de lumineuses relevailles
où le silence chante
le Don de Soi.

SOIXANTE-DIX

Lorsque s'éclairera l'échiquier
de la totale plénitude terrestre
s'élèvera du psaltérion cristallin
une allégresse universelle
qui exultera la Totalité harmonieuse
sur les Arpèges des nombres parfaits
dans l'espace lumineux
du Partage généreux
d'une Âme accomplie.

OMBRE

Ombre reflet de la lumière
lumière sortie de l'ombre
la vie est un chant de contraire
à l'ombre d'un arbre
je rafraîchis mes maux en priant
l'Astre de fondre l'ombre
afin que se révèle
derrière le théâtre lumineux
l'Essence de mon être
en sa spontanéité d'âme
"à l'heure où le démon
ne fait plus d'ombre"
et que je respire la Lumière

LUMIÈRE

Partir au-delà de la lumière
pour trouver le Verbe
sous l'œil du jour au midi
d'une connaissance lumineuse
quand les loups bleus
boivent la lumière aurorale
comme on inspire l'Amour.

Effleurer le bonheur de la vie
par une intuition pure
sous le regard d'Astarté
femme de lumière qui
régénère l'unité originelle
dans une clarté fécondée
par une spirale de cuivre rouge.

Renaître des ténèbres
jour après jour guidé par
une Colombe qui éclaire l'obscur
comme le yin épanouit le yang
par une Révélation de l'Esprit
qui engendre l'étendue infinie
et divine où nos corps illuminés
purifiés par le feu de l'Amour
goûteront les reflets Christiques.

TOURNESOL

Emportés par la Joie de nos âmes héliotropes
nous espérons le Soleil
du seuil de l'aube à la nuit profonde
tournant nos visages vers l'astre radieux
qui irradie un immortel Amour
et dans un champ de fleurs radiées
le regard caressant nous pensons à une ode picturale…

CENT

Femme aux multiples cheveux
que j'aime
dans la continuité des jours
éphémères
auprès de toi j'ai compris
la vie
et heure après heure j'ai épelé
l'amour
Homme parmi les hommes
en chemin
âme avec les Âmes
les cent fleurs éternelles
du Christ
nous illuminent.

MILLE

Sous l'arbre de vie
le bonheur immortel
s'épanouit dans le cœur
des justes réjouis
Le Christ est né pour apaiser
une foule qu'inquiète
l'extinction finale
en lui annonçant
la grandeur de la Vie
au cours de Mille ans
qui ne seront qu'un jour
où le soleil s'éteindra
comme un cœur fatigué
sans briser l'Harmonie
d'un univers en devenir…
Sous l'arbre de vie
le bonheur immortel
s'épanouit dans le cœur
des justes réjouis
le Christ est né à l'unisson.

PAIN

Quel est ce levain
qui nourrit tous cœurs
à la saveur azyme ?
Souviens-toi Bethléem
le pain est en toi
il chante sur tes papilles
telle une douce lumière
d'amour spirituel.
Quel est ce levain
qui nourrit toutes vies
à la saveur azyme ?
C'est l'Eternité
qui s'épanouit en toi.

EAU

Au bord d'un ruisseau
sous une futaie claire
savourer dans la paume de sa main
pure et limpide
la vie à sa source
et nu comme le Soleil
se glisser dans l'onde fraîche
pour se purifier des vanités amères
et des colères vaines
déliant ses sens atrophiés
au gré d'une caresse aquatique
avant de méditer
le cœur régénéré l'esprit heureux
sur un tapis feuillu
sous un coin de ciel bleu
à la Source de toute Vie.

LOTUS

Assis
sur un lotus bleu
j'écoute chanter les chakras
harmonieux
en effleurant le lotus épanoui
de ma Fleur d'Or
qui engendre la pureté
fredonnant de ses pétales
un mandala limpide et cosmique
parfait envol
de l'épanouissement spirituel
d'où émane la nature de Bouddha
Sahasrarà Lumière
révélation totale de l'Unité
charnelle et Divine
enlacée
par l'Amour

DIX MILLE

Lorsque dix mille êtres
s'inclineront
devant Le Père Éternel
l'abondance germera dans nos cœurs
et la fertilité de nos âmes
engendrera une plénitude infinie
sur une terre rénovée
par l'Onde Christique
qui coulera sur les corps
transfigurés par un Amour
renouvelé et immortel…

ZÉRO

Nonchalant
Çifa l'escargot
promène sa coquille
du zéro à l'infini
rêvant
à sa vie fœtale
ce bonheur passé
multiple et singulier
tout en égrenant
le soir bien au chaud
roulé dans sa chambrette
toutes les potentialités
de l'amour.

ŒIL

Voir, à travers le cœur,
le soleil et la lune
guidés par l'éclat
limpide de l'Ajna
qui nourrit le Dharma,
de cette clairvoyante
sagesse où l'âme voit
le temps et l'éternité
engendrer l'Amour
sous le Regard
sans paupière,
créateur du réel,
de vie et de beauté
qui ouvrent les yeux
au novice recueilli
sous le dôme de l'azur,
assis près d'un paon,
dans une contemplation
de certitude Divine,
pendant qu'une gazelle
voilée interroge
Rê.

BOUCHE

Bâillonner les mots
qui abaissent et tuent
insuffler des paroles de vérité
sur l'onde médiane
d'un feu éloquent
conscience de l'âme
où le poète puise
la convergence des temps
et sur tes commissures d'ange
goûter le paradis
d'un baiser.

SAULE

Mon cœur dormiras-tu
un jour
à jamais
à l'ombre d'un saule
où mon âme
éternellement radieuse
te bercera ?
Poète forgeant ses vers
fécondés sous la
ramure élégante
de l'Arbre de vie
j'ai caressé
la pureté
au pied du printemps
elle avait la grâce
de l'amour
inespéré…

VÉNUS

Étoile du matin étoile du soir
vaillante bergère céleste
au sourire sensuel
qui charme l'amour
d'un désir voluptueux
où le bonheur caresse
l'harmonie épanouie
des sens caracolant
dans le lit doux et fécond
d'Aphrodite fille du Ciel
à la cambrure gracieuse
et aux seins réjouis
qui déploie sa tendresse
en séductions joyeuses
dans l'art exubérant
des confidences enivrées
d'une opulente délicatesse.

CHEVEUX

Admirer les cheveux de Siva,
la houppe au vent
et la tête tressée de rayons solaires,
allongé libre dans un pré
de la Gaule chevelue,
caressé par ta végétation blonde,
femme, luxuriante et sensuelle,
coiffée de ces cheveux qui nous
tissent d'un amour opulent
bercé par l'herbe hirsute
qui peigne notre intimité,
au gré d'un vent qui cascade
comme les flots du Gange
de nos âmes épanouies
Tendre destinée,
douce magie
qui se dénoue dans la tonsure

des jours humbles
où nos plumes épouillées
s'abandonnent à Dieu
sur la natte du temps,
telles les boucles vertueuses
de nos mèches éparses,
pour mieux renoncer
aux souvenirs défaits
sans sacrifier la vénérable
chevelure qui pleut
sur tes épaules avec la force
du bonheur

SEIN

Effleurer le soleil et la lune
à l'aurore ou au crépuscule,
doux prélude
à un regard fécondé
par cette intimité offerte
à une vie qui tète
des coupes débordantes
de lait boréal et
à l'amour régénéré
par de sereines
promesses,
tendres refuges
pour d'heureux baisers.

ÂME

Entre le Moi et le Soi
rayonne sur l'homme
invisible et actif
le feu pur de l'éther
flamme d'amour
étincelle de Sagesse
voyageant tel un papillon

dans l'Onde Divine
du Logos Limpide
qui inspire l'Esprit Saint.
Entre l'anima et l'animus
s'élève du cœur un souffle immortel
qui donne une âme au temps
pour atteindre le mens
par la céleste lumière de la conscience
dans l'équilibre d'une psyché
à la sensibilité aérienne
aspirant à l'Au-delà
reflet d'un Autre Monde
sous les ailes d'un ibis à aigrette.

PEUPLIER

Sur la terre humide
de mes larmes douloureuses
brûler les souvenirs funestes
de ternes dualités
et sacrifier le passé
sur le bûcher de l'avenir
d'un simple coup d'allumette…

HOMME

Lumineuse mappemonde
entre terre et ciel
pilier cosmique
modelé d'eau de terre de feu et d'air
éclos dans la mouvance du temps éphémère
tu contemples et aspires à l'infini
dans l'espace limité de ton âme incarnée
image perfectible en quête d'une voie parfaite
dans le sillage de la Lumière Suprême
Homme
entité complexe à la recherche de l'harmonie
montagnes aux veines gorgées de pluie
où la Grande Ourse palpite
irradiant une humaine spiritualité
pour transcender l'amour…

MAIN

Que dissimule ta main fermée
toi qui esquives mon regard
quels secrets crains-tu de révéler
la clairvoyance n'est-elle pas dans nos mains ouvertes ?
Seul le bonheur manifesté agit sur nos cœurs
comme un don d'amour.
Dans une paix ombrée et fraîche
mains jointes monte une prière
avant de se recueillir dans une profonde méditation
paumes offertes au ciel
une femme descend en soi
pour s'élever à la Lumière.
Sur une colline
des mains dansent
dans une humble illumination
ailleurs des mains soignent l'esprit des corps
et caressent les âmes de leurs yeux d'azur.
J'invoque le jade de l'amour
qui coule entre nous
saisi par la main de Dieu
qui bénit l'allégresse
de nos mains qui se sont données l'une à l'autre
en se plaçant l'une dans l'autre
dans une valse infinie…

AMOUR

Né du Vide Transcendant de la Nuit
l'Amour
s'épanouit
entre Terre et Ciel.

De quelle Aphrodite
es-tu le fils
Éros ?
Fol adolescent éternel

et insatisfait
au désir nu
toujours en quête de l'être aimé
unique et universel
que tu enflammes ou brises
selon que tu sois
le fils
d'Aphrodite Ourania ou Pandemos...

Généreuse
pulsion
de l'âme
au Partage Total
à l'osmose sensible et spirituelle
d'un amour qui unit les différences
dans une limpide unité
centre lumière
où deux êtres
se donnent s'abandonnent
et se retrouvent
l'un dans l'autre l'un par l'autre
dans une synthèse cruciale de Vie...

Que serait l'âme sans l'amour
Psyché sans Eros
plaintes solitaires
tourments pétrifiés
qui aspirent à vibrer
dans l'Esprit du Bonheur ?

Né du Vide Transcendant de la Nuit
l'Amour
s'épanouit
entre Terre et Ciel.

ARC-EN-CIEL

Pont multicolore
qui enjambe l'espace
chemin lumineux
qu'emprunte l'Éternité dans un déploiement majestueux.
caméléon resplendissant sous une gerbe de pluie
universel langage de l'extase
tandis que sous le regard d'Iris
l'Homme féconde l'Harmonie
en caressant l'Amour
d'une main conquise
par ce ravissement spirituel
fruit de l'alliance éternelle
promesse de Transcendance Naissante.

CHÊNE

Sous le feuillage majestueux
et sacré
d'une force tranquille
ancestral temple hospitalier
Robur le druide
aspire paisiblement
à la révélation
de la Sagesse.

JARDIN

Telle une claire perception intime
éternels élans de narcisse
goûtons aux baies de mandragores
désir pur
caressés par la sagesse de l'arbre
où reposent nos cœurs
où s'effeuillent nos corps
douce intimité
d'une fécondité toujours renaissante

dans un parfum de fleurs aux souvenirs d'éternité
près d'une navicelle miroir
qui reflète nos extases suspendues
à la beauté de nos âmes sœurs
en ce Jardin des Hespérides rêverie du monde
où je découvre onde béate
l'oasis épanouie d'un tendre jasmin
au regard d'azur
qui plane sur l'Éden
de notre amour
comme les vers s'émancipent folâtres et lumineux
dans le Cantique des Cantiques…
et sous le charme du bonheur
Glorifier le jardin Divin
Pardes transcendé
à l'ombre d'un mur du cloître de la vie
vécue comme un paradis à venir
sous l'œil de Dieu.

OLIVIER

Athéna
est-ce toi
qui reposes
loin de tes armes
derrière l'Acropole
avec tes enfants
dans la paix des oliviers en fleurs ?
Sagesse tutélaire
qui protège notre amour
d'un soleil tapageur
comme une amabilité féconde
d'où coule une lumière calme et pure
qui engendrera l'Homme universel
le nourrissant de ses feuilles sacrées
d'arbre béni
Paradis des élus.

DIEU

Soleil de tous les symboles
Être du non-être Non-Être de l'être
Absolue Lumière
Lumière Infinie
Père tu Es
Vie substance de vie
où éclosent et convergent
les danses spirituelles
de nos esprits épris
d'Amour
qui aspirent à ta Transcendante Bonté
en sillonnant leur imparfaite existence
comme je sème mes vers expectatifs aux vents de l'espoir
en priant silencieusement
l'Un.

SAISONS SENTIMENTALES

MoRoSe
cirrhose d'outre-moi
nécrose morale   râle du cœur
le spleen est un squale qui squatte les desquamations d'outre-nous
             un érable pourpre l'horizon

et ce regard plein d'ombres
ce regard sombre de mort qu'on se donne par dépit de soi-même d'outre-soi
ce regard bleu-nuit qui sombre dans l'oubli d'une vie enfouie
dans les moindres écueils du bonheur   dans les méandres
d'un sourire retenu et meurtri

             une primevère de Vial verge le jour
qu'est un homme nu ?
une alcôve gluée dans un bonheur
azyme qui rue dans l'abîme
de ses désirs incompris ?
             érection mauve rose ou blanche
flux d'amour
soudain éclos d'un festin pur ou les vérités confluent et se fondent
dans l'écrin de boutons en fleurs
voluptueuses boules de neige où se métamorphosent les yeux

l'amour est un nectar   une ode symbolique qui refuse l'hiver
             des cœurs contrits

             des impatiens conciliabulent la sérénité
vertige de nos miroirs où nos âmes reflètent leur Foi
leur certitude intime
dans un alliage inné   un cortège corolle
             la nuit hume les jardins
                   à l'infini
PaRoLe...

MITES

murs végétaux
cellulite feuillue qui s'étend jusqu'à la nausée
lotissement
cages de vert où chacun cuit sa misère à l'étouffée
de la terrasse l'horizon se heurte à des remparts obèses d'où
filtrent des chuchotis de confessionnal   des murmures désincarnés

       de mornes cénobites
de temps en temps une tondeuse grommelle
ou des convives estivaux s'esclaffent en apartés potaches ou
en papotages   résonnants la nuit tombée sur le gazon
misanthropie banale
est-ce l'indifférence qui prédomine ou une lassitude sociale
                           ici
seules les fleurs rient
seule la rosée exulte
dans ce dédale atone je suis un Icare sans ailes
qui glisse sur les ailes dénudées de son Aphrodite allongée
à l'ombre de Demeter   son hibiscus au vent
d'un amour olympien
           en forme de bonheur
tandis que Prométhée contemple des feux de barbecue mal
éteints qui fumerollent des odeurs de graisses consommées à
pleines dents
même les mythes se consument
rongés par les mites de morosités bancales
d'acrimonies captives
       l'amour seul est encore un mythe vivant
            seul l'amour vit

~~~~~~~~~~

allongé au bord d'elle-même
                mon peintre du Désir

    spontanément j'ai compris
          que

                       l'amour
                         est
                  une forêt alluviale
                  un soupir intense
        où   sur un lit de genêts   deux corps jouissent d'être
en configuration avec
                            l'Eau-delà

TEMPS PIS

la pluie vaticine
sanglotant des flaques de morosités
en larmes irrépressibles qui borborygment au bord de
fenêtres   habillées
les flocs croquent une lassitude ambiante
le temps rit   il est le rouet des râles cancaniers
moi je vis
ma sauvageonne rayonne
le bonheur carillonne dans l'embrasure de notre ciel
corollaire
son charme brille au firmament de mes yeux
conviant ma parole dans l'éclat de son jardin héliothropique
le temps rit   c'est la saison des cœurs
même s'il flotte...

DON

    offre la vie à l'amour
     il te le rendra

des nuages venaient au galop
une spongieuse armada faune
engloutit l'espace comme un vomissement
Allaient-ils permuter le temps ?

    offre la Vie à l'amour
     il te chérira

androgyne hibiscus
sur fougères bleues
au soleil d'une anthémis
le Désir intime la vie
   Son corps est un auvent
et ses hortensias roses allaitent mes mots
l'homme a oublié l'être de son essence
l'ai-je trouvé moi qui ne suis pas encore né ?
je convulse comme un ciel qui dégorge avant de revêtir
l'horizon de sa plénitude

    l'amour offre la vie
     aime-la

CHRONIQUES D'AMOUR

   Luxuriante orientale
    aux saveurs éoliennes
     brasure tropique aux allures
vespérales qui viennent tels des échos d'obsidienne de son cœur en
    pattes d'oie
    d'oiseau-lyre
      sur
la cime de mon âme dans la savane de mes mots et l'ivresse du nous

Les nuages s'accumulent
pulpe grise
sur un coin de terre
mais cette voûte baudruche loin d'endiguer l'amour _ notre amour _
l'éclaire
l'abrite
sous
cette ouate maussade qui déluge le bonheur dans nos cœurs radieux

Prague sous la lumière
défilait sur la pellicule alors que
le Danube convolait avec ses berges
dans la forêt foisonnante de nos cœurs diaprés par un amour allongé au solstice
d'un vestibule
où
le bonheur ovationne une vie qui s'épanouit dans une âme sidérale

En un verger couvert de rosée
un roseau vacille
d'émotion
l'amour est un concert où le moi s'effondre et s'efface à l'appel du nous
des soi
qui
se pénètrent dans le champ clos d'un Désir ouvert à la Multitude

Thalie s'en est allée
après avoir donné
tout son amour
exubérant et
généreux
de muse
noire
comme un infini vital et gratifiant

LUCIOLES

Dans le pré de nos épousailles
à l'instant des semailles
une alouette ailée de lys
                                    royale dans son
évanescence
embrassa un ibis

Toth fécondait Aphrodite

Seraient-ce tes mains qui batifolent légères et souveraines
                                                          sur
l'hélianthe esseulé
seul et consolé
Seraient-ce tes ancolies bleues qui se posent sur l'amour

        subtiles et câlines
dyades et unités

Hermès contemplait Isis

Vivons notre vérité
la vie est un eucalyptus voluptueux
où nous luciolons dans le Mystère de l'Être

serein de nous être trouvés
au delta de nos cœurs

Le Bonheur est nyctalope

Seraient-ce tes sens que j'aime aspéruler infiniment
                                                                  de
mes baisers
de farfadet
Serait-ce ton âme qui pétille pareille à une belle de nuit

        au seuil de l'aurore
bulle de vie

La Tendresse est métamorphose

EXOTISME

à la **Désirade** des idées rodent
je ne suis pas en rade
    l'amour brode
près d'un palmier bleu une grappe de seins fugue au soleil
amoureux
apostrophant mes lèvres de ses   **tétins**
qui frondent
    dans la ronde de mes yeux

  belle Ondine
aux mains de velours sur
 tes doigts qui soupirent
vole l'amour en perles de
    de Désir
qui courent   sous un voile de
nuages boudeurs

      érotisme
    exotique transcendance
jeu de la transparence dans la vallée fleurie de nos conques
      carnées
feu de l'absolu sous les caresses   **éprises**   de Spirituelles
      vérités
    Il est le jonc
    de son lac
   Elle est la jonque
    de son Carnac

à la fortitude de leur cœur
leur Corps se pense et s'ode
sur la latitude de leur Saveur
      tendrement
      corollée

HOSPICE

Cet hôpital ventripotent d'où gémissaient les morts autant que les vivants. Cet hôpital en trompe-l'œil qui abritait rires et tabous autant que désolations et deuils. Cette matrice suave et fruste qui m'a régurgité à la vie en tétanisant mon esprit. Ma liberté d'être. Mon souffle de vérité intime. Cet hôpital aux allées paresseuses, aux parcs romantiques, m'a liseronné l'âme tel un Gulliver atrophié.

Je suis né le jour de ma mort...

Dans une chambre aseptisée, une couveuse maternante, vivre une si profonde solitude au milieu de tant d'effervescence. Taire son être primordial pour ne pas dire son profond mal-être. Et vilipender le destin de tant d'ingratitude. Le soleil tombait par la fenêtre close sur un désarroi rauque. La névrose exsudait de vies malhabiles, de cœurs sourds dont se nourrissait une attente prométhéenne.

Je me sentais seul, et je l'ignorais.

J'étais seul.

Mais ne voulais pas pleurer, pas geindre ni disparaître ; pas être une proie pitoyable. J'étais entouré de sourires, carnassiers parfois même. Des sourires de nourrices acerbes, de matrones médicales à la moustache chétive, au regard glabre ou à la barbe rachitique. Minotaure tyranniques à l'amour aveugle. Qui étriquaient l'humain par peur de leur humanité. Tristes lilliputiens.

J'étais seul.

Je me sentais vain, mais préférais l'ignorer.

La nuit était sombre, la pénombre planait sur la chambre imprégnée par la lumière du couloir. Haut perchée dans sa ramure verte, elle parlait. Voix douce et fragile, pleine de doutes convaincus, d'amour déchiré. Ses yeux voilés par l'ombre intensifiaient le mystère de son être quêtant. Deux solitudes se répondaient. S'interpellaient. Dans la quintessence de leurs interrogations muettes, dans leur virtualité offerte.

À l'amour.

Et sous l'ombrage d'un chêne frémissant, nos yeux se sont respirés. << Je t'aime >> nous a révélé. Unanimes. Nos âmes

se sont vécues loin d'un univers stérile. D'un monde borné. D'un confinement intolérant.
Nous n'étions plus seuls.
Nous avons mûri dans la solitude des cœurs incompris.
Nous avons pleuré. Nous avons ri.
Les saisons ont engendré des années. Les désespoirs sporadiques ont accouché de bonheurs. Les doutes et les douleurs ont éveillé à la Lumière. L'amour nous a réconcilié avec la vie.
Je ne suis plus seul.
J'ai compris...

TEMPÊTE

convulsions végétales
les branches couinent   et   fouettent
l'horizon
les feuilles bruissent
                          la nature plie mais...
Les nues sont agitées de spasmes vindicatifs
les fleurs baissent la tête
l'herbe s'incline
                et les antennes ratissent l'espace
le ciel est vide
les toits sont glabres
les oiseaux s'agrippent aux branches ou se calfeutrent
                au fond de leur nid
le vent fulmine
derrière les vitres
les arbres hoquètent dans des soubresauts révulsifs et patients

et mon regard se fascine
de tant de sentiments passionnels
phéromones Désir
                à l'abri du temps

Suis-je ta clé des champs ?
La réponse est dans les tourments de l'esprit : la clé des cœurs.

dévêt ton âme
      dénude ton corps
embrassons nos cœurs dans la plénitude opalescente de nos âmes
de caresses florales   brasures d'amour   dentelles intimes

au dehors les frondaisons faseyent
la chlorophylle fronde
les bourrasques saoulent l'extase   la vie brasse l'aphonie ambiante
un zéphyr impétueux avive notre amour

Amour   Foi en mouvement
      qu'éclaire une Lumière Infinie
      .

HOMÉOSTASIE

liturgie des cœurs
      cérémonie des corps
            mariage des esprits
                  métamorphose des âmes
      baisers d'amour
      tendres et savoureux
      baisers d'albâtre
      ondoyants et généreux
ondulations de glycines dans l'onde satinée de sa couche amarine sous le sombrero vert des cieux envoûtés de nos regards camomilles **je t'aime**
la brise arpège les fleurs
      comme tes doigts sur mon cœur
et mon tétin rêve
      sous le solfège de tes pétales roses
      qui bercent une
      ode émondée par un amour alcalin que câline
l'apothéose

             le vertige
             INCARNÉ
                de
             toute vérité
             ÉROTIQUE

Un érable empourpre le jardin   l'amour est caresses qui
appellent une
                    OSMOSE
                    verticale
je t'aime
femme canal
             fenêtre de Dieu
                sur l'Absolu

                         .

                    PRINTEMPS

             Quelles sont ces frémissements
qui filandrent mes yeux   ?
telles des hirondelles dans l'Azur au seuil du feu
quand le ciel rumine des sanglots furieux   qui
tonnent
                C'est la saison du
                    Yantra
                    le Bindu
                      chante
dans un pré fraîchement fleuri une **Yoni** ouvre son alvéole au
souffle d'un **Lingam** révélé à la Grâce de son doux gynécée
voluptueusement
                         nu
                  Habracadabrah[1]
                    est l'Alpha

---

[1] Habracadabrah : mot hébreu signifiant "Que cela se passe comme c'est dit"(que les choses dites deviennent vivantes). in Le jour des fourmis de Bernard Werber.

de toute chose   le printemps ronchonne et geint
          la nature est triste   les fleurs semblent
ternir sous la grisaille céleste morosité ambiante
                    la vie marmonne son spleen
y a plus de saisons !
                    pourtant l'amour foisonne
tout n'est que floraison c'est le temps du désir au sortir du solstice sibérien
              c'est dans tes yeux que je quête la chaleur
                    la lumière
                    des cœurs
                    l'écho
                      au
                    zénith
                    de l'infusion
au détour d'un printemps dépressif qui grinche sur les semailles gorgées d'énurésie grise

              Quelles sont ces phalènes
qui tambourinent sur mes iris   ?

                    PRIMEVÈRE

                        nus
deux sexes l'âme sereine se pénètrent d'amour nourris à la chaleur du Don

ses Seins ont le velouté de l'Azur
        elle me tend l'un et me donne l'autre

        le forsythia dormira jusqu'au printemps prochain

l'odeur du foin imprègne les narines   il torride brusquement l'été met un pied dans les soubresauts du printemps   il vente comme au Barcarès   sur le chemin au bord de l'eau la vie cahote des questions fugaces et inutiles
              seule l'Éternité est essentielle

elle picore des fleurs avec la gourmandise d'une abeille et

         mon regard s'attendrit
le bonheur niche dans les branches de sassafras je ne suis bien que dans ses bras

   la lune hâle l'amant

leurs corps s'émerveillent dans un entrelacs d'amour et de bonheurs débusqués aux confins du cœur
       vivre l'instant

      l'Être est Désir

et sur ce paysage nu tisser l'essence du présent dans un cortège de caresses
      la vie nourrit la vie

ses Seins soupirent...

       SOIR

le ciel est en feu
les nuages brûlent
Quel est ce brasier qui nous flamme ?
le jour consume ses ultimes fulgurances dans un flamboiement irréel et posthume
nos regards se heurtent subjugués et ravis à cette faîte écarlate qui nous enlumine
nous sommes dans une bulle cramoisie

    la voûte de tes yeux
       irisait mon émoi
    ta kundalini riait
        aux éclats

la vie est ce qu'on en fait
nous sommes à l'orée du temps infini au seuil de la nuit de l'émergence dans la Totalité Lumière
l'amour est immanent du Désir
ce désir qui nous guide dans la symbolique des rêves
La vie est-elle un rêve en devenir ?

Je suis ce que je pense   comprendre la vertu de l'amour telle
est l'essence de l'être

        une brasure grenat
                grenadine mauve
       présageait la vie
            en un élixir parfumé

des bouquets de nuages gais caracolent
dans l'espace dévolu à mes yeux
caraco blanc sur seins roses ou bleu nuit
Quel est ce sylphe   noir comme l'espoir   voué à une
sylphide nidée dans une munificence épicurienne ?
dans les jardins de ma brune aux yeux de bleuet   Belle-Ile-
en-Mer vit
au rythme de l'Hirondelle
et les saisons coulent   irréfragables

           ELLE
            ou
       vagabondages

la télé bourdonne   des images informes
le téléphone grésille   des voix amies
              je suis seul
      le soir s'allonge vers l'équinoxe
           paisible

          Ils m'ont tendu une Fleur éternelle
          je l'ai posée dans mon cœur

il faudrait avoir une patience de Lumière mais je ne suis
qu'humain de temps à autre je draine des chagrins   de dépits
en cafards
je suis comme ce temps incertain
j'oscille
entre Désir et envie

Quelle est cette Pentecôte qui nous lie ?

Elle désarmante
    apaisante
        Elle pain de vie
            sang d'amour
                Elle me manque

belle pétulance
douce action de grâce
qui cavalcade par les rues anonymes
avec la légèreté de l'être vrai
flânant dans la luxuriance de ses pensées   parfois moroses

quel est ce navire en perdition en quête de son port d'attache
dans une géographie en mouvement   fertile et généreuse ?

                Elle

le ciel est gris ce matin   l'air est saturé d'eau   **Elle** vaque
Elle vit une tendre mélancolie m'enveloppe   je la vis   je la
bois de vagues en vagues

            suis-je son lupin horizontal
                radieux et fragile ?

Elle maelströme le temps
de son fjord épanoui s'élèvent des runes d'amour

mystérieux et précis
comme un plain-chant médiéval

            suis-je son troubadour
              rêveur et impénitent ?

son corps est une harpe dont les cordes sont l'esprit   l'âme est
la musique et la Foi l'harmonie

    Elle est une Shiva Nataraja
    délayant la vie à tour de bras
    et dans son Miroir aux Fées je vois

                   un Arbre d'or   je crois

                              Elle
                               va

et je vagabonde
                         entre allées d'ombres et venues de
lumière

Dehors
           le soleil abrase
les pales ventilent la chaleur
                          inlassablement

                   où est le pertuis de nos cœurs ?

tant de questions
                   qui trottent
                                    Ah si j'étais une
fleur entre ses doigts une pensée mauve dans ses yeux

j'aimerais m'ancrer en **Elle**
              jeter les amarres
et me fondre dans l'Éternel

                   POURQUOI ?

l'aurore c'est **Elle**   mon
                        AURORE
du moins

NOUN-TSADE

à l'Alpha de toute vie est l'Amour
à l'Omega de toute vie est l'Éternité

elle mâchouillait délicatement un chewing-gum   mastiquant avec grâce là où d'autres semblaient ruminer
    elle s'apaisait
      en quête d'un bonheur hélicoïdale   d'un amour transhumain   ma douce chrysalide   la vie est une éprouvante transhumance   une éprouvette pulsionnelle où l'ombre et la lumière se résolvent en une totale
    Humanité

il averse sous les étoiles
                        Respiration
                                     la   torpeur
s'ébroue

dans la chaude pénombre se dessinent les alpages fertiles de son corps étendu   nu   dans un silence à la densité moite sublime grâce révélée
                  au regard esthète

le ciel averse
        des notes
              bondissantes
qui fouaillent la terre et cymbalent sur des toitures fumantes

sous la frondaison de ses cheveux effarouchés vibrent des sonorités intimes nichées dans les vagues câlines d'un baiser profond et serti dans un lagon crémeux

                    Incantation

        de l'Alpha à l'Omega
        va la vie dévoilée

l'été flamboie de ses premiers éclats
    le printemps s'éteint dans les cendres de la Saint-Jean

>   Noun et Tsade
>   se fondent
>   dans la Lumière
>   de leur vérité

VOYAGE

demain
par les routes connues et inconnues
déroulant les paysages à perte de vue
jusqu'au rire de Martel
où nous attendra un lit   fourbu

les Landes nous convient

j'ai peur
l'angoisse de mourir !
dans un brouhaha de vagues et de voix   sourdes
à un appel sans fondement véritable
à une impuissance vaine   futile ?
Mon **Dieu**
j'aimerais être libre
être un goéland spirituel   un sourire rayonnant
Mon **Dieu** délivre
                         moi
de moi-même
mon bonheur est entravé par l'esprit

respirer les Landes   comme son amour à **Elle**
être sa goélette et non son char à banc

demain c'est hier
demandez au temps   il vous le dira
mais demain j'étais déjà mort et hier je serai vivant
et comme   un enfant   je me confierai à la vie
à ses bras aimants
       et à son cœur
indulgent

Que la Foi me submerge et je serai

alors

la vie sera un voyage
                        d'émerveillements

ÉTÉ

réunir dans un vase
mauve vipérine   bleuet   orchis   fromental   séneçon
achillée et scirpe
en colorer une table
                  arrosée de soleil
pour égayer cette torpeur touffue qui déshydrate les regards
                  Le ciel braise et brise les corps
en quête d'un peu d'ombre indolente
enivrée de chaleur la vie se calfeutre
                                       jusqu'au
sourire de Polaris
au cœur d'une nuit étoilée où la fraîcheur tarde à poindre sur
les sens salés

moiteur jusqu'à l'insoutenable

l'attente s'étire

jusqu'à ces averses trop chiches
                        qui se font désirer pour s'évaporer
à peine déversées dans un torrent virulent qui assomme les
feuilles et les fleurs
laissant pantoises et frustrées une fraîcheur inassouvie
                                    et   une   quiétude
éreintée

                      Été
saison de l'extrême
où l'on peut regretter
les pins à perte de vue

que langent des couches de fougères touffues
agrémentés   de-ci   de-là   de brins de bruyère

Dans leurs allées sablonneuses   où les soupirs s'enlisent
les Landes respirent ces embruns du large
qui ravissent nos corps fatigués d'une vie régénérante

Bonheur à ciel ouvert
où l'amour s'élance dans les échos de l'Infini
qui sourit entre des cimes impassibles
tendues vers nos cœurs dans l'harmonie
stimulante d'une Lumière
hortensia   qui
                nous ravive

RACINE D'AMOUR

M'enraciner en elle
comme l'arbre au cœur de la forêt
                       à l'heure où le Mystère obscurcit
                                        le jour
                       et à l'instant où l'aurore constelle
                                          la nuit
              feuille à feuille

les mouches se promènent sur ma détresse   ma détresse s'en
fout   elle pleure
elle sue son désespoir
                       en divaguant
sur des corps qui rissolent sur les plages
          fournaises d'ennuis grégaires
     aux seins lourds et aux ventres mamelus que darde
un soleil gourmand   tandis que les vagues les brassent à
l'avenant dans des rouleaux d'écume
                            fringants
elle est ma joie
        elle est ma peine
pourvu qu'elle me comprenne   pourvu qu'elle m'élève à la
paix de l'être   dans l'âme d'un bonheur

                    Éternel

M'enraciner en elle
comme l'arbre au cœur d'un jardin nu
                    à l'heure où l'Amour irradie
                                        le jour
                    et à l'instant où l'onde embrase
                                        la nuit
                    fleur à fleur

son cœur   lustré par les étoiles   éclairera le temps du bonheur
et dans l'herbe folle je batifolerai par
                                        ses saveurs
en verve
d'amour   décomposé en vagues et en embruns de cathédrale bleue d'où jaillira la vie absolue
                        épurée de sa détresse
                                par la Parole retrouvée
sa Parole Lumière
                    racine d'
                    Elle

                    ROUTES

Les roues foncent sur un horizon mobile en rongeant l'asphalte   les dos grincent   les esprits s'ankylosent   les bras et les jambes s'engourdissent et geignent dans la monotonie d'un voyage
interminable
N. 31   une route qui n'a de nationale que le nom
nos regards cahotent dans un paysage atone et morbide gorgé de superstitions séculaires qu'alimentent de vieilles fermes lépreuses et isolées   bâtisses décharnées et sans vie apparente que semblent environner un silence lourd d'incompréhension
détour par la France profonde

l'inconscient harassé est happé par les réminiscences d'un imaginaire nourri d'inusables légendes
tandis que les voies estivales sont encombrées de touristes chargés comme des mulets pressés de mettre leurs pieds bâtés dans le sable

Tout ce monde va nourrir un littoral cannibale mis en appétit par les premiers feux du soleil et attendant avec impatience cet arrivage de chair fructueuse et docile
avant de retourner dans une mornitude désertique et rance une désolation d'habitations à l'abandon qui puent le renfermé à plein nez
la mort rôde autour des vacances   le saviez-vous ?

INTRONISATION

Racines
         affectives
                 oubliées en chemin
par pudeur excessive ou maux d'airain
         j'aurais voulu qu'on me dise
mais la mutité était de mise   ou la discrétion du moins   dans la sphère des petits riens où l'on tait le Désir pour ne pas dévoiler ses chagrins
         j'aurais voulu qu'on me dise
         qu'on m'apaise au bord du chemin
intronisez mon être vous qui croisez mon cœur
            sous   le   chêne   peut-être
trouverais-je alors
           le bonheur
           dans la
           paix

DENSE

Dans le lit du soleil levant
frémit la vie à tout vent
le lagon berçant s'enfouit
dans le foyer de la vie où
luit l'onde aux fils nus et
ronds d'un temps épuré
Lac qui houle les
émois de
l'Amant
épris de
deux mains
qui s'étendent
au devant
de leur
corps
dru
.

CIEL

Danser sur le ciel
au milieu des étoiles
alors que la nuit proclame une fraîcheur estivale

danse virtuelle

dans une mouvance quantique où s'émeut la vie
portée par un papillon elfique
aux envols blancs et carnés

papillon d'amour

une pluie drue tombe des nues
lavant les souffrances de la vertu d'aimer
dans un profond silence ailé

souffle léger

d'une femme ravie
qui vole sur la houle bleue
d'un amour que le temps avalise

PORTRAITS

À mes fleurs impétueuses

ÉLODIE

Tes blés mûrissants s'assombrissent, chevelure filasse qui ébouriffe l'espace dans un rire clinquant. Et cette grâce juvénile et fraîche qui avance, obstinément, dans le défilé de la vie. Et ces yeux, d'un azur pétillant, qui attendrissent l'amour en cajolant les cœurs conquis d'un élan enlaçant.
Petite fille mûrie à l'insondable charme du temps, grand bonheur capricieux et têtu qui inspire l'amour et conspire les jours, en déployant son regard sur la scène de ses désirs giboyeux et intransigeants. Truculente fleur hélianthropique, aux moues susceptibles et parfois rageuses, comment te dire cette douce vibration d'âme, cette subtile exubérance du cœur, à l'instant où ton feu embrase ma flamme somnolente ou préoccupée ?
Et tes bisous, si savoureux, mais trop parcimonieux à mon goût, posés malicieusement au détour d'un petit bonheur ou d'une taquinerie enfantine spontanée et jubilatoire qui tourneboule le moment en un bouquet d'alacrités en cascade.
Élodie sensible, Élodie délicate, Élodie furie, Élodie acrobate... Née par un soleil resplendissant telle une bourrasque d'amour désirée profondément ; mélodie envahissante comme une fluide ritournelle insatiablement vivante et gourmande à la fois.

MATHIEU

Agitation blonde, effervescence exaltée comme un inépuisable trampoline qui bouscule la quiétude et la harangue de sa nervosité généreuse. Derrière ces yeux bleus scintille un cœur à l'amour infini et maladroit.
Bel esprit aux sourires fanfarons qui taquine l'indolence et mutine la tendresse dans une course effrénée aux désirs absolus. Et cette voix qui tonitrue, avec une emphase débridée, une angoisse torturée en quête de sa lumineuse

vérité. Et cette agressivité à fleur de peau qui virilise une sensibilité trop émotive et ces touchantes attentions qu'effrite l'impatience d'un mouvement perpétuel contrarié. Douce grâce d'éphèbe fragile qui éclaire la vie d'une singulière beauté, en conciliant l'éphémère parole et l'éternelle générosité.
Dans tes mains en corolle coule la sève d'un bonheur radieux et irradiant, cet alcool des jours qui régénère les regards malheureux. Ta bonté, tel un oiseau de feu, embrasera le temps d'une pudeur infinie quand tes émotions auront trouvé le lit d'une sage sérénité.

ORPHELIN

Que sont le bonheur,
l'amour, le désir,
ou la vie ?
                        Je ne sais.
Il tombe des trombes qui giclent sur ma peine en ruisselant sur les vitres, l'esprit se rompt dans la glaise d'une espérance ébréchée par les soupirs. Ne pas disparaître.
                Elle est tout. Elle est tant.

Le bonheur se gagne.
                Mais qu'est le bonheur ?
Et le désir ? Et l'amour ?
Et la vie ?
   Être vivant ce n'est pas vivre. Ni désirer. Encore moins se
                    sentir désiré.
   Être vivant c'est téter la re-connaissance jusqu'au sevrage,
            jusqu'à l'émancipation du cœur.
                C'est
trouver son identité propre enfouie en son for intérieur, encagée par la pesanteur des silences d'un corps aphone et à feu. Bridé par les
                        douleurs de l'absence.

Et transcender, sans cesse transcender sa mutité physique.
Cette frustrante contusion de l'esprit qui fait pleurer la Chair désabusée.
Ne pas pouvoir enlacer sa grâce.
           Prendre sa main. Toucher son sein.
                                      . Ni pleurer les allégories
inabordables
de nos corps meurtris.
De nos sens dépressifs.

Que sont le bonheur,
l'amour, le désir,
ou la vie ?
                     Je ne sais.
Je ne sais que l'aimer.
La Désirer.
Et la Vivre.
                     Sans elle
le bonheur n'est rien.
                     Je le sais.

AUTOMNE

L'automne est précoce. Le soleil, après avoir épuisé toute son arrogance, s'est affalé derrière l'horizon, laissant s'installer une froidure maussade et pluvieuse. Il pleut des frilosités.
Le silence est déprimé. La nature est morose. Les feuilles gouttent des larmes intarissables, comme des nez enrhumés. Les ramures rouillent en apothéose.
Et cette pluie consistante qui bout inlassablement un sol détrempé d'où s'élèvent des fumerolles vaporeuses et grises.
Mais la pénombre couve notre intimité. Une intimité indifférente aux cycles du temps et aux intempéries. Une intimité d'âmes. Et de corps liés d'amour aux saisons déliées.
Le printemps a enveloppé nos regards d'une écoute nouvelle, d'une entente à l'harmonie souriante où tes mains flânent et musent avec une connivence cérusée de sagesse et de tendresse.

Les jours incertains et mélancoliques se sont épanouis dans les brûlures de la maturité.
              L'Amour
              a ensemencé nos âmes
              dans le sillage de la douleur
              comprise.
      Et   nous sommes   devenus
              l'Amour.

MYRIAM

Myriam
        Gamme de sourires
                rires d'amour

Magie de la vie qui gazouille ou pleure sur la
Yole du temps   et la
Ramée des saisons que les jours égrènent en arpèges bleus
Insatiable et fertile
Améthyste juvénile que le temps   attendri   respire et porte vers la
Maturité du bonheur

Myriam
        Gomme la nuit
              le soleil t'envie

ÉCOUTE

Écouter les cœurs
                        mais comment
            quand les regards ne s'écoutent pas
s'ignorent
            enfermés dans l'enclave de leurs frondaisons
végétales
dans l'oraison de leur propre vie

                on ne s'écoute plus guère

et de guerre lasse les volets se cloîtrent
   et les portes se méfient
  et les oreilles sélectionnent avec une défiance tutélaire
    et les yeux sanctionnent avec une acrimonie amère
seules les bouches déballent encore leur mal-être dans un verbiage aigu   et
         titanique
      mais sourd
     à quiconque n'est pas
       soi

Horizons étriqués
le cœur n'y est plus
l'amour s'éclipse à la moindre saute d'humour
et sur les trottoirs maussades   des corps se croisent en silence
pour rejoindre le théâtre de leurs maux doctrinaires

HUNGERPLATZ

rochers ocres ou gris
d'une lourdeur immémoriale
moussus   glabres ou herbus
accrochés à flanc d'adret   dans des assises improbables
à la précarité sereine et imposante

et ce galbe d'aurore rosée
aux charmes touffes
aux fraîcheurs intenses
qui déploie ses faveurs
     sur
la vallée de mes yeux

rocs millénaires irradiant une sagesse profonde et méditative
qui parsèment de leur nonchalance
      massive
cette crête boisée d'arbres fluides et indolents

le soleil joue avec les nuages
comme le bonheur avec l'amour
et cette cime feuillue et feu
qui câline la vie régénérée
         en
bruissements de tendresse

enracinés dans l'humus ou la roche
qui dessine des murs abrupts   où se heurte un regard en quête
                       d'horizon
    rochers

le temps de la plénitude
semble luire dans l'éclaircie
   des amours apaisées
       par
l'émancipation des sentiers

disséminés aux abords d'un chemin   large et paisible
vibrant d'une luminosité généreusement ondoyante
qui surplombe une vallée encaissée où l'émoi rêveur
                                         rayonne

dans la ronde de nos âmes
le sillage sinueux et
enchevêtré de nos corps
se dessine comme une caresse
         de
tendresse céleste et lucide

avant de plonger dans un utérus végétal   sombre et hostile
impénétrable touffeur de sapins denses et agglutinés
étouffant l'inconscient dans sa nasse macabre
qui décompose la vie en un Mystère incompressible

où les saisons s'épousent
dans un doux florilège
car l'apparence est vaine
et la misère des jours
      sans

emprise sur le bonheur

pour resurgir à la lumière sereine et
                                      fertile
de l'amour nu
déployé sur une frange plurielle

où se métamorphose
                      le désir
en devenir faseyant comme
des baisers feuillus et tendres
j'ai faim de l'espace de son corps
mais une incompréhension mélancolique blesse mon regard
qui voyage entr' azur et vallée
il me semble que depuis des siècles j'ai une nostalgie de l'être
qui me brise et broie mes sens apnéiques
                      seul
              l'amour me sauve
celui qui me promène dans cette forêt inconsciente
          et seul   son cœur me libère de
                      ses caresses pures
nourries de
                    FOI

le ciel se couvre et se rafraîchit
      il faut rentrer
            en soi
                  et
                        vivre
                        d'aimer
             son amour luxuriant

                  MIEL

dans les nues de sa soie
                      rose
je bois son ciel dévêtu
quand cette liturgie mûre soudain se
                        pose

sur une prose de braise
tendue   vers le feu d'un miel
                              d'osmose

le jardin d'Isis se déplisse   un rouge-gorge rêveur s'immisce

dans les songes de la
                         vie
à l'ombre des ramures paisibles   le temps forge la maturité
le silence a des bruissements de feuilles épanouies au soleil
de l'espérance   car l'indolence des arbres pondère les
tempêtes   leurs conférant une beauté sauvage et fascinante
et le rouge-gorge   sur sa branche chétive   savoure le miel du désir

féline
l'amour entre tes bras est indicible

quelle est cette attente si profonde
                              qui réveille des arômes aux
charmes éperdus
                         ?
et comment se lasser de sa grâce nue
                              galbant   l'espace
dans le lit de la nuit
                         ?

les ritournelles de sa voix cascadent
                              et coulent vers la source
de toute chose   pour générer l'infini   un infini d'amour et de vie
         et sa sensualité de sphinx avive le Mystère des corps
enlacés
                    où est le Graal de l'amour ?
l'homme n'est-il qu'une quête éperdue de son ombre ?
                    je cherche
              le miel de sa Chair
              le Calice de l'être
         pour aimer l'amour de la vie et vivre l'amour tant
aimé

RÉDEMPTION

Visage caressant
     Amour vulnéraire
     horizons
     vulnérables
les saisons enfilent les sentiments
tissus d'Avent
talisman rituel
noir comme la genèse du monde   blanc comme
l'Apocalypse

Et ce visage caressant
    à être déféré sur Terre
  où les poumons sanglotent
dans un espace circonscrit et déformé
qui happe l'air avec peine
et peine la mue
d'un Destin de buis

Ce visage caressant que je ne peux caresser
      ce cœur qui pleure
de l'eau de bleuet azyme
dormir pour ne pas penser
à ces côtes déchiquetées par des ressacs abrasifs
et se lever avec peine
à la seule idée d'enfiler des pensées putrides dérivant au pied
du lit
comme des frusques défraîchies et ravaudées
par une de ces brumes stagnantes   d'automne
            à la
congestion sentimentale
astringente

Visage caressant
  fragile camomille
    regard cognac
soleil fauve rougeoyant tel un crépuscule impatient et
couperosé

oxygéner l'amour   avant qu'il ne s'oxyde
par un grand rire frais
              une pâquerette
                pudique
                    et
                aimante

                FUIR

jusqu'à la nausée
        trépidation mentale
trépanation morale

au-dehors l'été indien étincelle en réchauffant des feuilles fatiguées
au-dedans des poumons déprimés grommellent une vieille lassitude

inexorablement la même souffrance
                                revient
la même
        toujours
                et encore   comme   une
inéluctable fatalité

vivre
        comment
traverser
        le long couloir sombre
qui mène à la vie   et   à la Lumière
mais   comment   ne pas désespérer de
sa vie
dans ce long couloir sans fin   sans espoir
où marine une objurgation douloureuse
        la douleur de l'être

une vibration *auréoline*
blêmit d'une bouche alizarine qui pleure le bonheur
hurlements arides dans un désert avide

griffes élimées par les écorchures du temps
et les corps hagards s'enfoncent **inexorablement** dans le sillon du
                                            non-retour
l'amour à mort dans l'arène à quià

rester coi devant ces lilas céladon
tendre muleta d'amour   dans une faena ludique
où la pudeur dénude ses harmoniques

alors que les cœurs abrasent leur divergence
                                  d'un   sépia
désenchanté
en miroitant leur convergence dans un lit de garance rose
                        la vie
                        peut-elle
                    renaître de ses
                        fuites
seule la Nuit le sait

                            BIS

la vie n'est-elle qu'un incessant recommencement
entre aubes et crépuscules
épuisante contingence aux servitudes astreignantes ?

et

la création n'est-elle qu'une constante répétition de soi-même
une déclinaison imparfaite et obnubilée
de sentiments oppressants qui s'expriment sur des surfaces nues ?

                      où gravitent nos cœurs
                              et
                      nos esprits imprégnés
                              de
                          solitude

VÉNUS

Dans la corolle d'un églantier
de Diane hépatique mauve
un homme pose sa lassitude
                    écarlate
mégalithe d'infortune qui pleure
des jets d'ambre maussade et sûre
avant de se faner telle une érection
                    fatiguée
C'est un ciel de lit d'orage
des nuages noirs et bas qui
galopent sous des zébrures
                  rageuses
qui déversent des trombes d'eau
pure aux Visages d'Anges entre les
livres giclent des flux récurrents de
                    culture
Impédance matrimoniale
à la source vaginale nue
déshabiller le cœur de la
                fleur
déflorer ses yeux en fil d'amande dans
un solfège de sage mélancolie pour ne
pas craindre de mourir dans le lit de
                    l'amour

MAUX

Parfois
il givre des grives sentimentales
        dans la froidure des prémices hivernales

lorsque le désir vaticine ses frustrations
l'esprit grelotte une peine sans fond

inaccessible bonheur
frigide comme ces arbres nus

qui tendent leurs bras rigides vers des nues désabusés

les sens ont perdu la raison en percutant l'essence de leur raison
                                                          d'être
maux de l'incommunicabilité
où la conscience se déchire en vaines rebuffades
et le cœur se pétrifie en inutiles lamentos

savourer la volupté des couleurs en toute sérénité
sans que la saveur soit amère

DAME D'ONZE HEURES

parce que son corps de feu
et son cœur d'horizon généreux
intouchable étoile
au zénith de mes yeux
par sa grâce lumineuse
                véronique des pensées sans souci
de belle de jour aux iris bleuets et aux cheveux de Vénus
          Angélique goutte de lait sous la rosée du soleil
                tu fais le désespoir des peintres
épris de ton charme de gaillarde Cassiope au cœur de Marie
                    Princesse de la nuit
                    oiseau de paradis
                    daphné cardinal
              dans la rue du bois-joli
je serai un avocat flamboyant de ta corbeille d'or et
                sous le sceau de Salomon
d'une rose digitale renouée par la misère de soleils narcisses
  je caresserai d'un buisson ardent le berceau de la Vierge
                        violette
car son corps floral
et son cœur fleuri
s'épanouissent au bonheur
sous l'œil ravi de pygargues Pygmalion

HIVER

atlante
        myosotis
                volcan
                        acrobate
le désert allonge sa poésie
                dans des dunes d'erg qui sculptent
l'horizon
                            vagues de sable
ocre-jaune
            où l'esprit quête sa raison ?

FASCINATION

un soleil froid ponctue la cime des maisons
un poinsettia flamboyant s'inscrit sur le bleu hivernal
            rouge intense sur azur métallique
la ganse transie étouffe des silences mordants et introspectifs
            les cœurs s'emmitouflent
     Il ne neige plus guère
cette blancheur immaculée crissant sous les pas
                  ce manteau étoilé et cristallin
        n'habille plus les regards de sa chaleur éblouissante
la vie est une attente   réfrigérée ?

des chants de Noël s'entonnent derrière les fenêtres
guirlandées
            les exclus tètent les étoiles
        en quête d'un peu de lumière pour éclairer leurs
larmes
la neige refuse de recouvrir les plaies de sa blancheur joyeuse
                  il est des bonheurs qui sonnent faux
et convenus
quand le cœur n'y est plus
        la grisaille stagne au-dessus des toits

puis
les pétards pètent et puent

                                          les   nues   brillent
d'artifices éphémères
enfin la paix revint
la vie reprit son cours routinier
et   inattendu   la neige se met à tomber
                  chichement
                            fragile
flocons pathétiques qui se contentent de mouiller la terre
                    le printemps peut renaître

tout n'est que quête et bis repetita

il est ce désert grouillant de vie souterraine
            il est cette vie aride et chaleureuse

                  KALAHARI

l'Edelweiss
            frémit
                      délicieusement
                                        au souffle
d'une brise folâtre qui cajolait un oiseau épinglé
            le ciel était presque translucide
                  d'un bleu transi

                  TAUPE

une taupe hibernait
    topinambour
    topaze
    tope-là
sous un manteau neigeux
la vie dormait
        dorure
        dorade
        dorlote
l'hiver était là
blanc et gris

        gai et maussade
        gras et froid
        givré et glabre
l'horloge des saisons
avait fait le tour du cadran
            les cœurs pouvaient renaître
           de l'abrasion des mots
la vie est une gelée de désirs
se dit la taupe engourdie
           et elle grelotta un peu

GAILLOT

Poinsettia fané
        de peine
désarroi de l'esprit qui ne comprend plus
           révolte
galet Gaillot ricoche contre le mur sourd
                             d'un
entendement aveugle
sans foi en l'homme ni tolérance en l'humanité
           dérisoire infaillibilité

ricochet d'amour
                à l'embruns bleus
regard de velours
                au cœur malicieux

les exclus s'émeuvent
les croyants se lèvent
les athées s'indignent
la vie se révulse

l'Église se sclérose chaque jour un peu plus dans un lit de discrédits
        l'intransigeance tyrannique tue
et désespère les Hommes de bonne volonté
                jusqu'au dépit des schismes ?

                    Heureusement
                      il reste
                      des Êtres
                     de lumière
                      des Êtres
                    sans frontière
                         !

Tout repose sur l'Un.

TENSION

raison raisonnante
                        vainement
     pérore
à l'oreille d'un inconscient   sourd
                                          à   ses
récriminations

l'esprit est fatigué
               exténué las
les sens désespérés de tant d'équinoxes affectifs
sentiments rogues

corps perclus
               des paumes ont soif de sa peau
faim de caresser la vie
                           ronde   féroce   des
conjonctures existentielles
les cœurs fibrilles à désespérer l'amour

fracture morale
qui nous habite tous
                    autant que nous sommes
douloureuses grandeur et fragilité d'une humanité qui se cherche

                        sans cesse

souder cette fracture
dans l'insondable rumeur des
                                        saisons
                                                    qui filent
le temps
et résoudre l'Énigme du bonheur

                        tel est le défi
                            de
                        L'ÉTERNITÉ

SAVEURS
                                        INFINIES

                        ~~~~~~~~~~

                        gouttes de miel
                        aux boutons roses
                            doux lichen
                        tendre apothéose

                            ah !

        la beauté   pulpeuse du   Lagerstrœmia
                            à l'heure
                            où son
                        cœur s'écria

                                ô

                    le songe de son corps
                        qui soupire
                        des extases
                        encore et encore

                            hé !

            le rire   champêtre   de ses   Lilas

joufflus
d'ambres et d'ombres
grenats

ô

le désir de musarder
dans les saveurs
sublimes de son
être émondé

tant de saisons

et qu'une seule vie

pour

s'aimer sans se méprendre
se fondre sans s'étouffer
dans les rets
du conquistador en mal d'eldorado

UN AN

Quand croissent les corps beaux, les nues délacent leurs oripeaux, dénudant l'horizon d'un incarnat déploiement qui encorbelle la vue, d'une vie encore belle, d'espoirs amoureux.
Est-ce l'homme que le temps fuit, ou sa propre virtualité ?
En tous les cas, il file l'âge à toute allure, dévidant les saisons sans rémission ni relâche ; il tricote les rides de sa rude saveur tandis que rôde des bonheurs en rade d'ailleurs.
Une année s'est effeuillée, où le temps est-t-il passé ?

Et sa grâce mûre qui fleurit le regard en affleurant les sens d'une pupille mutine. Tendre mâtine où elle offre ses perles de rosée à une caresse purpurine pleine d'émotions évasées. Se souder en son lisse calice aux épices musqués pour

sourcer l'amour au delta du toujours. Fusion de Chairs confluentes au souffle réjoui.
La couvrir de baisers étoilés, et l'emplir de jours heureux.
Douces nudités offertes ; être l'osmose aux confins de nos cœurs nus. Se donner en toute vérité dans le jeu intime de nos âmes croisées ; se donner dans la pudeur d'une fougue fugueuse ; et son nénuphar et ton roseau, et le velouté de sa peau sur laquelle se promène ton haleine éprise d'échos. L'extase est une floraison...
Comment ne pas admirer celle qu'on aime ?

La Femme est printemps, éternellement.

L'Homme est automne, douloureusement.

L'Enfant est été, plein d'exubérance.

Et l'hiver nous attend, quintessence de l'Être et de sa Pensée.

Dans un champ en fleurs, la vie batifole en chœur, dans l'éclat de son allégresse renaissante, par un déplissage de beauté joviale.
   Le temps déroule ses appas en dévoilant le cours versatile des saisons.

Le printemps est précoce, l'amour se métamorphose, et mon cœur est tout chose ;   **OSONS.**
    Vénus nous transite.

40

Amour providence
    providentiel cœur
        de
femme essentielle   au bonheur d'une âme en
partance pour la vie
le cycle accompli
a entamé le cours du devenir

```
                                    V
                                    E
                                    R
                                    T
                                    I
                                    C
                                    A
                                    L
```
j'ai mal à la réalité   elle heurte le désespoir
    la raison est dérisoire et impuissante
        face à la prégnance des
  doutes coupables
aimer et ne pas savoir l'insuffler à l'aimée
aliéné par un moi
        HORIZ) ONTAL
l'Amour est mouvement
          mouvances d'âmes

dans la Paix des cœurs
    pourquoi tant de laminages moraux entre deux
complaintes désillusionnées
la déchirante maladresse des malentendus

```
                                            O
                                            B
                                            L
                                            I
                                          Q
                                        U
                                        E
                                        S
```
et la vie se constipe en jours déprimés
    40 valeurs pour un baobab sentimental
        et un seul cœur pour parler à son
âme
    une seule femme que tout son être proclame
40 années d'attente   de douloureuse préparation à l'Être
pour une métamorphose radicale
    Mais **40** années suffiront-elles
      que prédisent les étoiles
    accrochées au firmament de l'Éternité

POÈTE !

Que sont tes vers
la fleur narcissique d'un esprit bouillonnant d'écume ivre
de mutités trop fières et trop frêles pour vivre
loin des tourments d'un cœur égaré dans les gares de ses vétustes
élégies
?
Incessant coït mental où les vers enfilent les saisons sentimentales
sans illusion ou presque
sur leur valeur profonde
complaintes calligraphique à l'encre échinée ou sympathique
derrière laquelle même les mots
bien souvent
cachent leur vérité

Poète pourquoi ? des éloges funèbres ? une gloire posthume ?
au milieu des vers !

Poète pour respirer, pour apaiser les tumultes de ton âme affamée
d'amour, de sérénité
pour plaire aussi

Rimailleur lucide
sincère
rime-ailleurs effréné de l'éphémère en quête de l'Éternel
de l'absolu peut-être même
l'absolu bonheur
le Silence épanoui de l'Être

Lancelot de la Muse
solitaire apôtre de la vie qui se décline à tout vent
dans des flots de sang grisés de beauté amoureuse
tu te livres avec une pudeur... maîtrisée
au tout-aimant

et
enflammé par l'insatiable jouissance du Verbe
tu composes
                        un coin d'
                        Humanité
                        ?

CIMES BLEUES

houle charnelle

déploiement de fleurs

en un frisson d'extase

ils se glissent dans l'onde pourpre de leur confluence nue
se fondant sans emphase dans la trace de leur cœur   le feu
de leur
                      âme
   elle se réjouit

                sur

                une
                        turgescence
                              alizarine

puis
                              ébahie
par
        l'ample empan de cet ébat ludique
elle déploie   au soleil attendrissant de

ses   seins
qui   musiquent
une volupté voletant sur l'étrave émancipée de sa
      nudité

    il la rejoint
           dans

un
solstice pourpre

Apothéose

qu'**ils** composent

d'amour
épuré

L'EMPIRE DES SENS

És ros rosse pontife de
l'amour
poncif tout court
qui pendouille inerte entre des cuisses
alertes
flasque
et chétif aussitôt le zénith
atteint
en quelques jets et un peu d'illusions
extasiées
pathétique éphéméride en
quête
d'un brin d'éternité
dans la profondeur délicieuse de
l'espérée

où êtes-vous

Sada

qui êtes-vous

?

Tentante tessiture dermique
patentée
    par le fantasme de
l'amante éprise
      de la mante
affamée
        de désirs
passionnels
    qui se pénètrent du conquis
submergé

        Lilith réapparaît à
l'horizon
        l'homme s'en réjouit et la
craint
        la souhaite et la redoute

    les
Toku
frémissent

et
meurent
étouffés par la
volupté

Érection

fenaison

rubiconde
tête ronde
converge
et
plonge
dans l'Onde
du puits aux mille

délices

de son égérie offerte
à sa grandiloquence
ravie

biguine jouissive
pour une bégum ondoyante
que le désir féconde
d'un astre fœtal
et
de baisers
en flammes
avant de naître au grand

jouir

dans un déchirant sursaut vital

Fiasco

eut-il fallu que les phallus filassent aux nues ?
alors que la fougasse venait d'être rompue près d'un pain perdu

que nenni

les phallus faillirent à leur ivresse splendide
et fondirent sur la fougasse qui s'effrita entre des doigts avides

...

BABEL-OUED

Ève se mourait d'une morsure de serpent
Adam s'affairait   désolé de l'avoir si mal aimée
Fol amant   furibond de n'avoir pas su engourdi par l'oisiveté des certitudes   la comprendre
Sourd aux échos de son cœur   en proie aux affres du bonheur   l'Idéal s'était effrité
au feu du Parfait   L'amour en vérité est une oasis bien imparfaite   où l'homme doit
se heurter à l'aridité de son être pour naître enfin   à lui-même   Le serpent   au moins

avait eu le mérite de la satisfaire en parlant
à la chair   de son ego   désabusé

Il est des miroirs qui altèrent la Beauté

VŒUX

peindre les mots
           les vers
en floralies
           d'amour
dessiner des odes
                    et
                         composer le verbe
                                        aimer
                         sur un lit de
nymphéas bleus
                         pour
égrener le bonheur
                                   sur la
frondaison des cœurs
    et   poète   recueillir la parole des
silences à l'ombre
                    de la lumière
conçue comme un regard pluriel posé sur l'essence
                         d'une
                    dyade éperdue

désir vergé de verges vergetées d'averses nacrées
    au cœur du verger d'une vergence unanime
        où convergent deux âmes sans diverger

SONATINE

sur la laitance bombée
    deux myrtilles pétillaient
      baies d'amour
        tendues
par la "gouleyance" des baisers

sOyOns

d'opulentes cornes d'abondance   nues
offrons-nous aux impédances intrépides
de ses lèvres   éperdues
devant notre pulpeux ikebana   à
    l'opalescence délicieuse

chOyOns

    la délicatesse prévenante de ses pétales de
rose
    posées sur l'organdi tendu de nos boutons
ivres

   d'une extase carminée   qu'elles tètent les
   caresses purpurines fredonnant une allégresse
     à l'allégeance empressée
   de la laitance bombée
    montent des volutes
     de gazouillis
      braisés
  par un allegro de baisers

CONTE GOURMAND

Sur la branche percluse d'un olivier chenu, un petit oiseau malingre aux ailes fourbues, recroquevillé sous une feuille de vigne rabougrie, épiait, de son œil hagard, la chatte d'amour ; une chatte féline au pelage touffu et au sourire écarlate qui, de son air d'alcade, semblait prête à le manger tout cru.
N'était-elle qu'un rêve éveillé, un fantasme impossible à pénétrer ?
L'oiseau épris, seul en son parloir, contemplait cette grâce distante avec une admiration morfondue, posant un regard éploré sur ses mamelles alanguies au soleil de ses illusions sidérales ; la vie ce n'est pas le pied, lorsqu'on a les pattes fauchées par des algarades du cœur.
La différence appelle-t-elle la connivence des silences ténus ?
Mais, à force de roucoulades et de complaintes maladroites, elle monta sur son rameau efflanqué ; et, d'un bond, la chatte engloutit le petit oiseau ravi d'être le fruit de son appétit ingambe d'ingénue sauvage.

VÉNÉRATION

tinte tétin
à l'ode avivée
seins de satin
festonnés d'élégance

        oNdOiEMeNtS

de l'âtre
sur des effluves
d'albâtre
que la lumière dévêt

        oNdUlATioNS
                suprêmes

~~~~~~~~~~

La Femme est un cerf-volant
      qui vole au vent
de l'amour
sur la frange vinée de son essence
tropique
        et vibre en
       chœur

ATTRACTION

Les corps
      se ferrent
      se lierrent
      se songent et se prolongent
en une langueur suffocante
    une nuit sur la toundra

       la lune est basse sur l'horizon fondue
       d'une blancheur métallique qui patine
l'écume
  et coquette derrière les nues voluptueux
             elle mue et luit
             son regard qui étonne
             en un soleil qui détonne
  folle allégorie de vie

LA QUÊTE DU BONHEUR

Un jour c'est elle
              _ l'autre c'est moi _
qui défait   peu à peu   une débâcle morale
            pour naître aux éveils d'une Joie
                Intemporelle
                    et fanal
sur une Sérénité
mûre et dépouillée

ENLUMINURE

Cirrhose sensuelle
ivresse plurielle
entre
l'allégorie **veloutée**
de ses
gambettes **syllabées**
quand des
toisons s'hirsutent
en symbiose effeuillée

PANÉGÉRYQUE

transcendante *nudité*
syntaxes en **tissus**
           aussi diverses que variées
transparente *fluidité*
qui algue la vue d'une **plénitude**
                    épurée

          Ne pas chialer   surtout pas !   mais
                            saill**i**r le temps
                      d'un désespoir désabusé
            pour y tâter la **beauté** d'un amour inné
                    et pisser sa peine
                 dans un monumental

                    coït

                    humanisant
puis s'étreindre
sans éteindre l'amour par une luxation de la différence
                              une névralgie des
sentiments
rien n'est pire qu'un corps silencieux
froid et hautain
lorsque le mal-être s'accroche à la grâce dénudée
             quand on ne s'entend plus
                         engoncé dans des chairs
                         meurtries   sûres

Ah ces astres qui **pépitent**
au zénith d'un **regard**

à la tendresse paumée

poser son cœur dans le *creux*

d'un songe velouté de **luminaires**

Lune et soleil

charmez

la

vie

de votre
exquise
polarité

~~~~~~~~~~

Hymn**E**

alcôve

sérénade

opale
atoll

latitude

azalée
corolle

altitude

azurée
mangrove

balade

chenal

entre la poupe **joufflue** et la proue
moussue

    frégatent

                      dans

   l'agate

      feue

des effusions freesia

Ô clairière nacrée aux feulements écarlates

Ô aval beauté où convergent les sources

           quintessence

aux **teintes** attendries que **galbe**
                       un regard
subjugué
par tant de féconde volupté
       courbes déliées offertes
à l'amour suspendu à cette épure mue

et insaisissable

engendrant la **souffrance** d'un sentiment
d'incomplétude
d'inachevé   devant l'allégresse déployée
                             par le
Verbe adamantin
de

la **F**emme

nue

~~~~~~

un

                   l**Y**s

                                                          nu

      ruisselle
      dans

le

                 f**O**l

                                                       émoi

      éperdu
      d'amour

d'

                 u**N**e

                                                   pourpre

      extase
      tendue

que la

                 v**I**e

                                                 source

							d'albâtre
							laiteux

avant d'étendre leurs *joies* d'amants écrus sur le
zéphyr
									Ludique d'un lagon
									Irisé d'embruns et
									Nappé d'une
									Gouleyante
									Aurore irradiée
par
l'osmose
				mutine

					Ah là là l'Amour quel régal !

nénuphar					hablar
								de mujer en la vida del
hidalgo
								traue Liebe im goldigen Fluss
einer sternigen Frau
								love in your heart cry silently a
tender flesh smile
douce polyphonie des cœurs en goguette d'amour
délices dévêtus effleurent les nus
et les corps polyglottes abreuvent le désir d'Absolues
							évanescences
							bleues

LUMIÈRE I

lumineux le réve**r**bère
embrase la **lune**-lierre et
caresse l'insondable Mystère
d'une grotte tapissée d'**Infini**

alluvial *Espéranto*
au **sein** d'une vie
extasiée par les on**d**es
qu'iambe l'**AMOUR**

BAISER

sur une trame incarnate
filent les *baisers*
légers et frais
de fougue ou d'encre
filent doux la saveur
de nos lèvres conjuguées
par le charme diapré
de *bécots* tendres
qui déposent sur le temps d'infimes effluves
d'amour
chantre

MICTION

joli brin de body
et petit coin ravi
devant tous ces appas déployés
pour un simple pipi

soulagement radieux

près d'un amas de tissus
qui pendouillent sans vie
sur des escarpins vernis

avant de vite remonter
sur les appas dégarnis
avec des contorsions échevelées
pour reprendre contenance

MINÉRALE

ses aigues-marines
                alguent
les clairs-**obscurs** du tant
tandis que dans sa poitrine bat
l'améthyste d'un amour
turquoise qui court
sur les contours sinueux
de son obsidienne éclose

et   jaspant l'ambre de mon
               regard
dans **l'azurie** de nos jours
elle dépose son cinabre
sur ma coupe de grenat
qui le lape d'un désir
spinellé   avec un rire de jade
que le bonheur agate de son
éclat de lapis élancé

CRYPTOMNÉSIE

    sylphide   **naïade**
        nymphe   **elfe**
dryade
     muse
de voluptés en déambulations
        d'égérie en élégies
            et de désirs en soupirs
l'

amOur

déroule
       insatiable et frustré
sa tessiture
          douloureuse
      pour une femme vestale
qui engendre

des cortèges   de *flammes*
       alcoolisées
surgies d'un cœur ankylosé
      par trop d'élans privés
     de mains festives

amOur

sans recours
condamné sans détour
     à un pilori décharné
de membres gourds
        et perclus
aux serres recroquevillées

**qui n'effleurent plus qu'en pensées
DIFFRACTÉES**

l'

Aimée

vers laquelle tendent tant d'impulsions brisées par les écueils à vifs

tangage

d'un langage
                immobile
la bouger
       du regard seulement
l'enlacer la tenir la prendre l'effeuiller la câliner la serrer

IDEM

      du regard seulement
frustration duale découplée décuplée bridée brimée
lasse
d'une chenille pour une Belle dame
         et inversement
à moins

qu'un jour

la chenille   se transforme
          en papillon
pour l'emporter dans ses ailes
vers le bonheur

ARTHROPODE

Ah ! si j'étais un mille-pattes

je l'aimerais avec **p**rofusio**n**
me régalant   l'émotion béate

de sa délectable   **i**nfusio**n**

Je la cajolerais tout du **long**
et sur son corps en boutons d'**amour**
de mes mains ardentes à **foison**
je poserais mon cœur sans **retour**

Mais je ne suis qu'un **a**doni**s**
affublé de doigts ridicules

qui se démène sans **m**alic**e**
avec ses tristes pédoncules

Et la belle sylphide **frustrée**
par l'hédonisme trop **aride**
de son parangon de **fatuité**
s'en retourna dans les **avides**

MAINS

de caresses démultipliées
par le silence mal étreint
du sybarite désabusé
mais si profondément câlin

GAMBADE

C'était une toison parcimonieuse
qui frisottait humblement
une **touffe** cajoleuse
qu'ébouriffait le charme
de son

entregent

enfoui sous la broussaille
un bourgeon coquelicot
à l'embrun satin
souri
en ce **jardin**
tandis que le mouvement enlace
l'amont
qui se délecte

SÉDUCTION

les r**onde**urs rémanentes de ses
hémi**sphères** dodus alléchèrent
désinvoltes une faim impromptue

aguichant par cette **pétulance**
la baie aux mille vertus

Et la *croupe* capricante
savoura l'intrus
durci par l'**emphase**
de sa jouissance ingénue

Ô

Cul
de lune lapant ma houppette
sans retenue

ÉPHÉMÉRIDE

Le **phénix**

de sa flamboyance

éphémère

respire une lagune...

Sous les appas
qui **charment**
son paysage
            il consomme
                                le chaton
que lui tend
               un **sein** souriant
                                et le
consume
d'un **feu** de baisers **nourris**
                  avant que l'oiseau
lacustre
qu'il porte en adage
           ne s'éteigne
                        en un rire
d'amant
   heureux
              tout simplement

                         •

VAHINÉ

et le désir se fend
                sur l'horizon
                              vespéral
d'un sourire
  d'ambre
    vernale
Une étoile du soir
                au faîte de la vie
donne la réplique   d'une aubade
                            épanouie
à une **comète**
      pragmatique
qu'elle **comble** d'embruns
              liturgiques

APOLOGIE

Beauté lyrique de la femme
sans apprêt
qui chutent ses reins et bâillent ses seins

juste sa crique   crépue
sa poitrine d'organdi
ses jambes infinies

femme épurée
                  qui caresse la lumière
                                      et allaite
les étoiles
de ses allégories pulpeuses

telles les charnels atolls

de
                Maillol
ou les sensuelles allégresses
de
                Brancusi
la grâce fluide
de
                Drtikol
ou si subtile
de
                Ruben
Femme
    vérité pure
                légèreté de l'Essence

Glaise florale
horizon
fleuve qui ressource la vie
de ses formes
plaines et vallonnées
déliant des saveurs de fertile Éternité
par l'Orient révélé

LAPIS-LAZULI

Et cette feulée d'albâtre, sur l'onyx sanglant d'un crépuscule rond comme une Jonagold molle et pouparde, étonna l'homme en entonnant une cantate.
Un bonnet de tétins gisait au fond du jardin, soutien-sein se bidonnant à gorge déployée pour avoir l'air moins con entre la pivoine et le poivron. Un rire pourpre fusa de son azur laiteux. Elle avait des soucis pleins les mains et les yeux, des bouquets entiers, oranges et même, peut-être, bleus, dont j'étais, je l'avoue, parfois un peu

envieux. Soucis soleil d'aurore qui habillaient ses pensées d'une étole d'or à la transparence diaprée.

Pitié pythie d'amour ; un bonze bronze dans le jardin, son crâne luit, lui n'est pas de marbre, il prie la Nature, l'Un, l'Autre, tous et chacun, il prie pour remercier le Ciel qu'elle soit si belle de jour comme de nuit, la libellule de nacre ; belle pour lui qui n'est ni bonze pilate, ni bonze homme et encore moins bonze à rien, mais un bonze à pain tout simplement, épris d'amour et de sentiments.

Roulez rouleaux de printemps dans le sillage du tant qui passe, le temps d'aimer un sillon rubicond à l'évent taille déplissé ; et sur la sagesse sagace d'accordailles exprimées, la tenture du temps se refermera en toute sérénité.

Ainsi, d'une âme aigue-marine, jaillira un élan

LAPIS-LAZULI.

INTERROGATION SANS RÉPONSE

eut-il phallus que nous nous aimions
dans le buisson ardent de nos passions

                                                                ?

va geint les épousailles dans le secret
de nos broussailles aux rires abstraits

                                                                …

sein doux d'amour coule sous la main de velours
de chaleureuses onomatopées au seuil du jour

                                                                ;

je-nous sais des élans ébranchés sur la rotule
de nos corps à cœurs enchâssés qui postulent

                                                                .

RÉPONSE ENTRE LES LIGNES

petite fraise des bois
le nez au bord d'un nuage de dentelle
rose
qui bâille sur l'horizon émondé   alors
que la lune se penche et
grise
le ciel d'un mouvement de hanche
exquise   dénouant le voile
bleu
que le soleil avec chaleur avait taillé
de sa langue framboise et
jaune
comme on donne un baiser
tandis que l'alouette se pose sur ce feu
lacté
que la fraise des bois
avait délaissé pour des nues étoilées

NATURE VIVIFIANTE

bodegon buddleia
corazon hortensia
étreindre la joie
qui nous étreint à bras
le corps
dans l'embrasure
brasée
et
savourer

NO MAN'S LAND

dans la **solitude** d'une chambre
ou nulle-part
homme ou femme
dans la **solitude** d'eux-mêmes
seuls dans une chambre
de nulle part
seuls la nuit comme le jour
seuls entre quatre murs qui tremblent de froid et de faim
dans la gangue de leurs pensées déshydratées

la main lasse et désabusée descend
et s'applique un peu d'émoi
absente
elle va et vient elle frôle
avant de sangloter l'albâtre

TOTALITÉ

Elle n'avait rien en dessous
que sa pudeur gaufrée
la racine du cœur
et des joies enluminées

Les pétales nus
les lèvres perlées
elle n'avait rien et pourtant elle avait tout
tout ce qui rend l'amour fou
et la nuit câline que le jour avait percée
lorsque   dans un souffle de mousseline   sur
lui elle s'était posée
engendra l'aurore dans les corps
épépinés

POURQUOI

Éos pourquoi m'as-tu fait ça ?
Je n'ai pas de pieds pour la rejoindre,
pas de mains pour l'atteindre ;
juste des yeux pour la contempler…
et pleurer.
Des yeux qui glissent et s'attardent
sur elle
comme une blessure sur la vie.
Cette vie qui m'a fui et... tant donné
par elle.

PÉNOMBRE

"La distance est l'âme du beau." Simone Weil

Deviner
ce corps
sur le lit défait
deviner
la racine d'un cou
l'œil rond et sombre d'un sein
qui liche l'obscure tendresse du crépuscule
en penchant sa tête vers une bouche majuscule
dans un jeu d'ombres satinées

deviner
la vallée ombiliquée que l'amour fait lever
comme du pain de vie quand le désir l'a ensemencée
vallée velours   aux contreforts côtelés   où la joue vient
se poser
peut-être pour recouvrir
des vibrations
d'antan

deviner

le pré clos
de la louve endormie
quand la pulpe fuselée se déplie
en une composition
que le regard se met à caresser en filigrane
beauté offerte
à sa sagacité

deviner
le cœur qui bat
et
l'âme qui inspire
sous le drap
que la main vient de happer
pour atteindre
l'Impalpable

SOLEIL

À Gab', encore et toujours.

D'une jupe fusa
une jambe hâlée
fuseau fusain
qui frise le pavé
à petits pas
pas sautés
pas de gazelle
au grain poivré
Poivre et sel
le tempo léger
glisse sur l'œil
qui l'a emboîté
et l'enfile comme un bas
de résille carnée

FLORALIES

ô papillon affolé
par le chant du buddleia
enivré par ce nectar
de langueur
violine

Que j'aimerais être toi
au moment où ta toison
d'herbes folles
bruine
au seuil d'une nuit
d'argent

OPÉRA

Soul
   roule
      rouge
         chevauchée
              de
                 la

Walkyrie
       qui bouge
sur l'étrave gouge
de ses
    TAM-TAM
que rythme
        and

blues
la blouse béate

                    sur
                          la
                                gousse
                     qu'elle vahine
d'une chevauchée décoiffée
par son tempo
                    BINGO !

                         VAIR

   nue jusqu'au bout des doigts

   nu comme un ver à toi

   un vert de joie
   dès que coule la foi de
   notre verre à nous
   bijou coucou chou

   nue jusqu'au cou

   nu comme l'amour

   un jour toujours
   quand l'essence court
   sur tes ravissants seins
   pointés en nous

                    GÉOMÉTRIE

                    Elle avait
   des seins ronds   une bouche ovale   un triangle
   blond   des yeux croissants   des fesses
   oblongues   des jambes coniques   des pieds en

trapèze des bras parallèles un front carré un
nez cosinus un ventre elliptique des oreilles
isocèles et un menton
obtus
mais pas de corps pour lier les éléments de sa
grâce dès qu'on la touchait elle croulait comme
une peau de chagrin en bouts de beautés
inaccessibles à la configuration du
visible

JEU

une
sylphide
en feu
"éole" un mistral
gagnant
de son
clam cru
et invente un
bilboquet
fessu

INVITÉ

<< **On passe un moment ensemble.** >>
lui dit-elle
en tombant les étoffes
et elle ne fut plus que jonchée
nue
avant d'engloutir sa voie...

CALLIGRAPHIE

ET LE DÉSIR

MONTA

comme un regard porté sur l'autre du plus profond de
soi

Dans une cohorte d'émois
les sens dansaient de joie
sous une corolle d'éther

Les corps avaient une beauté lumineuse
au foyer de cette ballade
qui inspire des regards
où l'autre est tout
                l'unique
                          l'essence ciel
des cœurs que le désir

abeille

GÉOGRAPHIE

Les **maracas**
de l'accorte korê
gambadaient gaiement
vers l'isthme d'un kouros fatigué
Et   d'un zéphyr léger   ils déposèrent
leur mer Égée sur le pôle étoilé
de cette péninsule mythique
que conquit Danaé
de son **mystère**
dévoilé

ACCENTS PONCTUÉS

et le circonflexe sur l'exclamation
                               vint se poser
dans une frasque de suspensions
que la parenthèse de ses seins menus interpella d'une
interrogation ténue
avant que   dans un jaillissement de points virgules   le
point final
ne les déposât   en un trait d'union   entre les espaces de
leur apostrophe
ê! è ... ... é (ω) ? ; ; ; ; ; . - ' α β

MOHICAN

Icône mon corps ô ma squaw

Nivarna que l'infini de nos baisers a

Transhumé en hyménée sous la voûte

Idoine de nos émotions conjuguées sur la

Matrice d'un corps à cœur

Echevelé par ta chevelure de squaw

Folle fougue qui feule sa joie

Ultime dans un froissement de

Seins absorbant la lumière d'une

Idylle où la houle de sa sente

Ondule sur ma cime de sa rosée qui

Nous émeut et icône nos ramées

■ ■ ■

CÔME

comme un cœur qui bat
autour de soi
comme l'amour qui s'offre
sans arrière-pensée
comme tes seins dans mes mains
affamées d'ébonite
comme la vie qui hésite et
se réprime avant de se donner

                                CHANT DE CHAIRS
                                       à l'âme
                                    eStRoPiÉe
                         par les écueils d'un
                              regard   bridé

comme une horde de silences
qui crissent sur les sens
dans le ressac d'une connivence
altérée par un bonheur
terré de sentiments
à la diffraction embourbée

                        vient
                    aimons-nous
                    jusqu'à l'aube
                      de nos êtres
                        échus
                          .

LIBIDO

À toutes celles et tous ceux qui savent...

Tant
de Quasimodo pleurent   solitaires et désabusés
une Esméralda qu'ils ne connaîtront
pas   même du bout des doigts
intolérable fantasme à l'ombre de la vie
le corps perclus et les sens meurtris
asphyxiés une existence
où l'autre se rêve
rêves de femmes
désirs de flamme et d'un peu de sentiment
dans l'isoloir de jours
que saoule l'illusion
              en vain ?

FLEGME

de la chute de ses seins bâillait
un abîme de perplexité
où s'engouffraient des regards décapités
de sa bouche lippue moussait
un filet d'écume nacrée
qui s'incrustait dans la futaie ébouriffée
et de l'entrelacs que formait
leur ampleur délacée
la noce de leurs nacelles se laissa dériver

RAVISSEMENT

illico

                        presto
                  andante
                  allegretto
des soupirs   roucoulèrent   a capella
à l'abri   des   a priori
        dont l'amour ne veut pas
     et le plaisir se laissa gober par l'alcôve béate
    les doigts en éventail et les cheveux en bataille
   afin que jaillissent   dans le calice   le jet d'opale
                sforzando
                amoroso

MOUVEMENT

je l'ai pénétrée d'un coup de rein
et j'ai happé son sein
                épinglés nous étions
           comme deux papillons
                            je l'ai tétée fort
                            je l'ai tâtée doux
mes reins se sont faits foudre
et mes baisers tendres
sur ses boutons d'azalée
    le sang était du feu hurlant comme un fou
                      je l'ai étreinte je l'ai atteinte
                         mon cœur était saoul
                    je l'ai atteinte je l'ai rejointe
dans l'antre du nous
éjaculant la cendre
à corps fendre

AUBADE

Que fait-on du téton qui dort
où met-on l'amidon de nos corps

M'endormir au creux de ses seins
mon sexe blotti au fond de sa main

après un rêve de satin rose
que l'amour parfois compose

Que fait un tétin qui s'étire
il met un câlin à mon sourire

et contre sa blancheur endormie
dans un lit de cheveux   je revis

VERBE

Et les mots s'embrassèrent
en une orgie
voyelle à la consonance béate

où le **a** en extase

fait des ronds dans l'**o**

d'une bouche
qui souffle des syllabes sur deux seins
séduits

pendant que le **e** qui s'étonne
entonne des envols émoustillés sur l'étrave
unanime des jambes tendues d'un **U**
plein de vertus
que le **I** élancé   infuse et

                  pénètre de son idéal
            tandis que les bras déployés
du Y enlacent le silence
                de leurs diphtongues
              en ïambes fuselés

COURBET

Butiner des yeux   *l'origine du monde*
                sertie
                au creux
      d'un levain pulpeux
              et rose pâle
           qui savane des douceurs
                  d'amant heureux et
d'enfant à venir
      sous le voile frisé
                  de sa broussaille offerte
                        à des
regards
           avivés par ce pré
                            où
bâille un trouble ravi
tandis que   *les amies*
         lassées
     semblent attendre
                 que le peintre ait fermé les
          yeux et posé le pinceau
                          pour
s'aimer
          en toute sérénité

       dans le champ gracieux
          de leurs corps
languides
     déposées sur la toile

                              d'un fantasme pigmenté
                                      comme une
invite à l'impromptu
dans le jardin secret
d'un gourmand bucolique

AMOUR

La déshabiller
bouton après bouton
coton après coton
en s'émerveillant à
chaque brin de corps
à tout bout de chair
révélé
et la contempler
ému
et
exalté
avant de se nicher
au fond de ses reins

LA FLAMME DES ÉCORCHÉS

À B., V., R., A., E., A. et les autres

aux angles du tissu   la toison
d'où crisse la douleur
celle qui fait les poètes
et nourrit leur âme
les menant parfois au bonheur
mais parfois seulement

sous la toison   le ciel
feu d'aurore ou de crépuscule

que perce un soleil expansif
et inquiet
quand il n'est pas laminé
par les alcools de fleurs endolories

dans le ciel   l'horizon
où se fondent les trames du jour
jusqu'à cette lumière translucide
que les ménestrels savourent
car elle contient
les vérités et les silences
d'une âme qui se réfléchit

et après l'horizon
...

SURF

Sur la lèvre de la vague boire l'écume
liqueur de lune aux reflets ardents
lapée à petits traits
dans le delta étrange
où l'herbe danse sous les baisers

Et fondre les soupirs
de la plage émoustillée
par l'amour qui glisse
du sable vers l'apogée
d'un délice
exulté

voiles au vent

FIN

Elle avait enfilé un kimono blanc
par la fenêtre la neige tombait follement
Sa touffe crépue faisait des clins d'œil
à son aven humecté de résine
Sa bouche brillait de joies effeuillées
pendant que son regard flânait sur les flocons
tourbillonnants derrière le rideau
Il se lève encore tout chose
la rejoint   pose sa main sur son sein rose
et l'embrasse
comme on offre une fleur à l'océan
qui nous a fait rêver   d'escale en escale

Leurs sens apaisés se sont assoupis
et le temps a repris son cours
après une éclipse d'amour   tout leur être
rit   Sur le lit défait   ils ont visité
      les cimes bleues

Bibliographie

Autobiographie
À contre-courant, 1e édition, Desclée de Brouwer, 1999. 2e éditions, Worms, Le Troubadour, 2005 (épuisé).
En dépit du bon sens : autobiographie d'un têtard à tuba, préface ONFRAY M., Noisy-sur École, L'Éveil Citoyen, 2015 (épuisé)

Poésie
Toi Émoi, Worms, Le Troubadour, 2004
Corps accord sur l'écume Worms, Le Troubadour, 2010
Ikebana effervescent, Worms, Le Troubadour, 2012
Le jeune homme et la mort, Worms, Le Troubadour, 2016
Les chemins d'Euterpe, Éditions MN, 2018
Divins horizons, Éditions MN, 2020
Femmes libertés, Éditions MN, 2021
Allègres mélancolies, Éditions MN, 2021
Les foudres d'Éros, Éditions MN, 2019
Sérénité, Éditions MN, 2019
L'existentialisme précaire d'un têtard pensant, Marcel Nuss, 2018
Chroniques poétiques, Éditions MN, 2021
Le quotidien des jours qui passent, Éditions MN, 2020
Aveux de faiblesses, Éditions MN, 2022
Récoltes verticales, 1999-2002, Éditions MN, 2022
Élégie sans lendemain, 2002-2008, Éditions MN, 2022
Femmes libertés, 2011-2013, Éditions MN, 2022
Les runes de l'amour, 2011-2012, Éditions MN, 2022
Allègres mélancolies, 2013-2016, Éditions MN, 2022
Les foudres d'Eros, 2015-2016, Éditions MN, 2022
Sérénités, 2017, Éditions MN, 2022
L'existentialisme précaire d'un têtard pensant, 2018-2019, Éditions MN, 2022
Chronique poétique, 2020, Éditions MN, 2022
Le quotidien des jours qui passent, 2021, Éditions MN, 2022
Requiem ensoleillé, 2022-2023, Éditions MN, 2022

Essais
La présence à l'autre : Accompagner les personnes en situation de dépendance, 3e édition 2011, 2e édition 2008, 1e édition 2005, Paris, Dunod.

Former à l'accompagnement des personnes handicapées, éditions Dunod, 2007 (épuisé).
Oser accompagner avec empathie, préface COMTE-SPONVILLE A., Paris, Dunod, 2016
Je veux faire l'amour, Paris, Autrement, 1ère édition 2012, Éditions MN, 2e édition 2019.
Je ne suis pas une apparence, préface ANCET P., postface COMTE-SPONVILLE A., Éditions MN, 2022

Romans érotiques
Libertinage à Bel Amour, Noisy-sur-École, Tabou Éditions, 2014 (épuisé)
Les libertines, Paris, Chapitre.com, 2017 (épuisé)
Le crépuscule d'une libertine, Paris, Chapitre.com, 2018 (épuisé)

Réédition en version originale :
La trilogie d'Héloïse, Autoédition MN, 2021
   1 Con joint
   2 Con sidéré
   3 Con sensuel

Nouvelles
Cœurs de femmes, Paris, Éditions du Panthéon, 2020
Ruptures, Paris, Éditions MN, 2023
Incarnations lascives, Éditions MN, 2021

Sous le pseudonyme de Mani Sarva
Horizons Ardents, Paris, Éditions Saint-Germain-des-Prés, 1990 (épuisé).
Divine Nature, prix de la ville de Colmar 1992, Éditions ACM, 1993 (épuisé).
Le cœur de la différence, préface JACQUARD A., Paris, L'Harmattan, 1997

Essais en collaboration avec :
COHIER-RAHBAN V. L'identité de la personne « handicapée », Paris, Dunod, 2011
ANCET P. Dialogue sur le handicap et l'altérité : ressemblance dans la différence, Paris, Dunod, 2012

Essais dirigés par l'auteur
Handicaps et sexualités : le livre blanc, Paris, Dunod, 2008
Handicaps et accompagnement à la vie sensuelle et/ou sexuelle : plaidoyer en faveur d'une liberté !, Lyon, Chronique Sociale, 2017